你想活出什麼樣的自己？

52個自我提問練習

建立屬於自己的人生版本

藤代圭一 著　郭清華 譯

名家推薦

人心深處有著正向期待和動力。好的提問，可以發掘內在的力量。我很驚訝這52個提問，能讓心從複雜忙亂的狀態中沉澱下來，使心變得清澈，更清楚自己是誰，自己想要什麼。52個提問好像諮商中的自我探索，更清楚知道自己想要做什麼決定。當你在生活中遇到各樣煩惱時，這本書將是安定自己的工具書，值得你好好收藏。

——**朴世光**（暖心全人諮商所所長）

本書可視為是一本轉念，或者導引念頭的書，讓自己糾纏紛亂的狀態，找到踏實落地的方向。

——**李崇建**（作家、教育家）

每當遇到迷惘時，試著對自己提問，在思考的過程中，往往就能發現更真實的自己，答案也呼之欲出。但該如何自我提問，這本書就是最好的指引。

——**陳志恆**（諮商心理師、暢銷作家）

CONTENTS

重新認識自己的提問技巧

1

給未曾思考過的你

「希望自己成為怎樣的人呢？」

有些人只是這樣被問起，便會不由自主地猜測別人為何這麼問，然後因為回答不出這個問題而開始焦慮，情緒也跟著低落了。

你喜歡什麼？討厭什麼？想成為怎麼樣的人？為什麼會那樣想？

答案明明只有你才知道，卻紅著臉說不出來，甚至更討厭這樣的自己。

然而，你何必責備自己？這是沒有必要的。

其實你可以從另一面看這件事：如果這是你未曾思考過的問題，不也正好代表，經過這次思考，從此以後「你可以更瞭解自己」。

你以前總是太在意別人的眼光，於是成為一個總為了滿足別人期待而活的人。你想得到社會的認可，於是寧可忽略個人的意志，而更在乎、更依隨別人的想法。

不過，以後不一樣了。

你可以朝著「自己想活成的樣子」邁開腳步。在空白的畫布上，用自己選擇的顏色，畫著自己的未來。

試問自己：「想活成什麼樣的自己？」

2

給自卑的你

「那個你竟然辦不到?!」

周圍的人都能輕而易舉做到的事，自己卻辦不到。
每當想起這個差別，就會感到極度的沮喪。

不管發誓多少次，還是會再次忘記東西，把重要人送的禮物弄丟了。
在課堂上搖晃椅子而被老師訓斥。
三天前還很有興趣的事情，現在卻完全失去了興致。

無法持之以恆地做某事，想法經常變來變去。
如果再列舉下去，就不勝枚舉了。

但是，我想請你想一下。
雖然有些人會跟你一樣，對於那些你無法做到的事情感到困擾。
但也有些人，會對於那些你輕而易舉就能做到的事情感到困擾。
這樣的人，在這個世界上有很多。

沒錯。既然有我們做得到的事，當然也存在著我們做不到的事。這就像每塊拼圖片都有不同的凹凸一樣。
所以，可以不必總想著要彌補自己的缺失。

學會了原本不會的或做不到的事，自然是令人高興；但同樣的，若能接受自己的「不會」、「做不到」，並且喜愛那樣的自己，也是很重要的。

每塊拼圖片都有凹凸，在相互嵌接、連結、合而為一後，才能完成一張圖、一個故事。

就因為彼此都有欠缺，你才能發揮你的專長，來和別人互補。

試著愛有欠缺的自己吧！

試問自己：「想成為怎樣的人？」

3

給找不到喜歡的理由的你

現在，你可能正為什麼事入迷呢？

當你發現的時候，那些沉浸其中的時光轉瞬即逝，是無法取代的。

這時，突然有人冒失地問你：「到底是什麼讓你這麼感興趣？」

你答不出來，因為問題背後隱藏著嘲笑的意味，像在問：「那有什麼好玩的？」

不過，你大可不必理會這樣的問題，也不必尋找問題的答案。

因為喜歡，所以喜歡。

不必勉強去尋求為什麼喜歡的答案。

因為喜歡，所以喜歡。

無所謂「為什麼」，而且，用言語特意編織出來的理由，難免有違心之論的可能。因此，「無法言說的理由」想必有其價值。

事實上，令你喜歡的事，不過就是會讓自己「玩」得很開心的事，不是嗎？

就算只是喜歡追著球跑，玩久了，也會在不知不覺中變得很會踢球吧？

不過，如果因此而下決心「一定要玩出個名堂」，那麼過程中免不了要吃點苦頭。

玩就是玩。玩的本身就是目的。

「喜歡」也是一樣的。

喜歡就是喜歡。

好好珍惜那個感覺吧！

試問自己：「現在喜歡的是什麼呢？」

4

給因為自己的憤怒而生氣的你

「在公共場所那樣大聲喧譁，實在是……」

大家都在做，只有那個人不做。
大家都在忍耐，就只有那個人不想忍耐……

很多時候你會因為這類的事情感到憤怒吧！

但你可曾想過，你的憤怒是因何而起的？
因為不能容忍只有那個人可以自由自在？

因為不能容忍只有那個人可以不在意周圍的其他人？

還有，你心裡可能也存在著某些莫名的情緒吧？
例如「那個人只顧自己！這算什麼……」的自憐情緒。
或者是「我也想要那樣」的妒意。

其實，心中有那樣的憤怒情緒，並非全然是壞事。
因為生氣可以讓你知道自己內心「在意的是什麼」。
情緒這種東西是會自然湧現的。

但整個社會都在教我們，控制憤怒情緒的重要性。
所以，不要忽視這種憤怒情緒的出現，它會讓我們更瞭解自己。

雖然對於同一件事，有些人會生氣，但也有人不會生氣。

然而，這種憤怒情緒正好可以讓你看到隱藏其背後的意義，它代表了你所在意、珍惜的事。

其實，這種源自內心的情緒，你應該好好重視它啊。

試問自己：「最近因為什麼事情生氣了？」

5

給為了無法持續做一件事而不開心的你

「又沒興趣了？」

你的興趣總是無法持久，因此對自己缺乏信心。

然而大多數在社會上獲得好評的人，都是能夠深入研究、探索自己興趣的人。他們總是在興趣上扎根，並且不斷往下探究，最後才能成為專家。

你非常羨慕那樣的人，所以對於自己總是「無法持續興趣」而感到憤怒。

在產生好奇心後，對某件事明明想著「這就是我真正想做的事」，卻在三天後突然興趣一變，轉移到不同的事情上。

就因為一再出現這種情況，便會讓你感到「做什麼都是白費力氣」。

但話說回來，你何必想得如此嚴重？

擁有多種興趣，便能夠和許多不同領域的人接觸。

討論遊戲、漫畫的故事，或聊經濟、音樂的話題，或談運動與旅行的趣事。

正因為興趣轉移了，你的交談對象變多了，或許這也是對有興趣的事向下扎根的契機。

即便擁有的興趣廣泛卻不深入，應該也能視為優點。

繼續持有好奇心，活在當下吧！

試問自己：「最近對什麼事情感到興趣？」

6

給懷抱著憤恨與悲傷情緒的你

你受到欺負了。

但卻不知道為什麼被欺負，甚至想不起來從什麼時候開始被欺負的。

於是你只能一直覺得憤恨與悲傷。

有些同學明明在教室裡和你談笑風生，卻在看到某群人進了教室，就臉色一變，成了加害者或旁觀者的角色。

「剛才明明還有說有笑，為什麼突然變成這樣？」你感到困惑，而且不知道該如何面對這樣的變化。

這悲傷與憤恨情緒在你心裡累積了至少十年，最後不知不覺變成「報復」的念頭，後來又轉而想讓那個欺負你的人嘗嘗被孤立的滋味，並讓自己擁有強大的能量，絕不再受人欺負。

不是要你容忍欺負的行為，也不想鼓勵你去對抗。但是，如果你願意積極面對這件事，那麼你確實可以給自己築起防線，不讓任何人有機會欺負你。

希望你知道，當你真的覺得艱難、痛苦時，你是可以逃離被欺負的地方，不必忍著擔心被欺負的心情去上學、去陪別人玩、去做自己不想做的事情。

如果換個環境，或許新的地方會有對你感興趣的人，讓你的生活每天增添豐富的色彩。

只要找到這樣的地方，就能有轉機。
所以，不要再勉強自己忍耐了。

放鬆自己。
換一個地方。
活出自己想要的樣子吧！

試問自己：「有讓自己感到痛苦、想逃避的事嗎？」

7

給老是和別人做比較而心情低落的你

「為什麼別人都會，我卻不會？」

論跑步，班上總有人跑得比自己快；論學習，班上也有比自己聰明的人。

雖然總想著「若能拿第一名，那就太開心了」，可是要拿第一名，又談何容易？

若一天又一天都過著這樣的日子，因為和別人比較而心情沮喪、情緒低落，感嘆自己毫無特長，久了便會把這種事看作理所當然。

你覺得自己沒有那個專長，也沒有這個專長，不管和誰比較，就是找不到自己的優點。

十幾年過去了，因緣際會下你來到日本的一座小島，那裡的居民個個都說：「沒有不存在的東西。」

這句話有兩種意思。

一個是：什麼都沒有。

另一個是：重要的東西都擁有了。

是的，找出你「擁有」了什麼，這將成為你的力量。

但這不是和別人比較之下的「擁有」。

而是早已在你世界裡，那許多屬於你的「擁有」。

你擁有在意你的家人。
你擁有可以盡情揮汗的健康身體。
一切的「擁有」就隱藏在你身上。
試問自己：「我擁有的是什麼？」

8

給沒有失誤，卻覺得自己做得不夠好的你

你做什麼事情都能順利完成，成績單上卻都是普通表現的4分。
身邊的大人雖然給你肯定的評價，卻認為你的表現不夠出眾。
打開成績單一看，你馬上又蓋起來，完全不想再看第二次。

不夠出眾。

這樣的評語深深困擾著你。
其實，沒有特別擅長之處，並不代表不會有出眾的表現。

雖然擅長的是運動，卻沒能在運動方面得到好成績。明明希望自己是個特別的存在，卻沒有出色的表現與想法。一想到此，你就特別的沮喪。

但你何必如此嚴格要求自己呢？我們每個人從出生那一刻，就是一個獨特的存在，沒有人會和別人有完全相同的基因。不同的人即使看到相同的風景，所產生的感覺和看法，也是不一樣的。

相較起來，「自己的感覺是什麼」其實比「會什麼、不會什麼」來得重要許多。

你所體驗到的所有美好感受，都是用「心中的那把尺」建立起來的。

試著珍惜自己的感覺吧！
至於「別人的尺」就放到抽屜的深處。
拿出真正適合自己的「尺」吧！

試問自己：「對自己來說，真正重要的是什麼？」

9

給不想要被討厭的你

自從被周圍的人討厭後，漸漸就不自覺迎合旁人的心意，強烈希望不要被任何人討厭。

沒錯，這樣的你正在以成為透明人為目標。

在你必須發言的時候，你會小心謹慎地觀察著周圍的氣氛，然後說些模稜兩可的話語。

「那傢伙讓人不舒服。」

因為不知道這樣眼光何時會投射到自己身上，所以你總是隨時注意著，不敢發出引人注意的言論。

就這樣，你配合著在場每個人的意志，被人討厭的情形變少了。你知道，能夠和每個人順暢無誤地溝通，也是這個社會所要求的技能。

你終於成為不會被討厭的人了。

你也習慣成為透明人了。

然而，你討厭成為透明人的自己。

因為你只能把真心話藏在內心深處，說出口的都是得體的場面話，並且以客氣的笑容應付周圍的人。

可能是太用心這樣做的緣故吧……

回到家後，你便累得幾乎要昏睡過去，洗澡的時候還不斷用熱水澆頭。

總是在配合別人的自己，是自己所討厭的人。

人生當中最重要的人是誰呢？毫無疑問的，當然是自己。

所以，如果你討厭自己，那你怎麼會幸福呢？就算家人再怎麼愛你，你也感受不到幸福。

其實，沒有人可以讓全世界的人都喜歡自己。

所以我們應該做的，是創造與自我拉近距離的機會與時間。

從喜歡自己開始，就能珍惜自己以外的任何人。

試問自己：「喜歡自己的什麼呢？」

10

給事事都要做到完美無瑕的你

小學快畢業時，你和家人準備從名古屋搬到東京。

那時的你因為沒有特別擅長的樂器，歌也唱得不好，更看不懂樂譜，所以很自卑，完全不敢上台表演。

其實，當時你還小，不會這些也是理所當然的啊。

所以，即便你唱走音，歌聲不好，周圍的人也會因為你「唱得很開心」而叫好。

但儘管如此，你心裡還是相當在意，決定除非哪天能展現好歌喉，否則再也不會出聲哼唱。

不過，搬家後，到了新學校，你遇到一個音樂老師。是這位恩師讓你重新對音樂產生了興趣。

在星期一的課堂上，老師帶來了日本最新最受歡迎的流行樂，在樂譜上標注「do-re-mi-fa-so-la-si-do」，教會了看不懂樂譜的你，帶你找到了演奏的樂趣。

老師還教你在校舍的屋頂上側耳傾聽，聽見滿溢在這個世界上的許多聲音。

在音樂教室裡，有許多連電視上也沒見過的樂器，應該都是些昂貴的器材，但老師也讓你們把玩了。

老師還帶領大家玩遊戲，讓班上同學從家裡隨便帶來什麼物品，然後輪流在閉上眼睛的同學耳邊擺弄、發出聲音，讓同學猜猜那是什麼東西。

雖然這只是個單純的遊戲，卻讓大家都知道聲音存在於我們的生活之中。

對於存在於生活裡的聲音，我們只要去享受就可以了。

所以，如果你也感覺到聽見聲音的「樂趣」，那麼就算不擅長音樂，也不必為此煩惱。

「樂趣」是一種特別的存在。

好好珍惜聽到聲音的「樂趣」吧！

試問自己：「雖然不擅長，但我想享受的是什麼？」

11

給總讓別人做決定的你

Hey mommy, where is my shoes？（嘿！媽咪，我的鞋子在哪裡？）
Hey mommy, where is my dream？（嘿！媽咪，我的夢想在哪裡？）
Hey mommy, where is myself？（嘿！媽咪，我在哪裡？）

這是我喜歡的樂團所唱的一首歌的歌詞，但老實說，你也會發出這樣的問題吧？

你一定會覺得「讓別人給答案比較輕鬆」。

讓別人做決定的話，自己就不必負責任了。而且還可以用「因為他的緣故」為藉口，來推卸責任。

你這麼做，盡可能地逃避責任，是因為想要保護自己吧？

因為你害怕受傷，不喜歡挑戰失敗而受到嘲笑。

能幫助這樣的你，應該是願意接受你任何想法的朋友，是會問你「想怎麼做」的夥伴。

那你呢，想在旅程中做什麼？

想在晚餐後做什麼？

想做什麼活動？

然後呢？

但你總是害怕提出來的想法被否決，該怎麼辦？

萬一被嘲笑的話，又該怎麼辦？

因為這樣的擔心，你總是窺探著別人的表情，習慣讓別人替你做決定。

其實，自己做決定，剛開始的時候或許會有點害怕。

但不論結局是成功還是失敗，都能讓你因此建立起信心。

最重要的是：「自己做決定」能讓你感到滿滿的自由與幸福。

試問自己：「我真正想挑戰的事情是什麼？」

12

給為了十年後而奔跑的你

不知從何時起，你開始花很多時間為未來做準備。

讀幼稚園時，為了進小學做準備；國中時，為了念高中做準備；讀高中時，又為了上大學做準備。

如今好不容易離開學生身分，成為社會人士，卻又要為老後做準備。

真的是連喘一口氣的時間也沒有呀。

雖然一般人都覺得這很理所當然，但「現在」這個時間的存在，並不僅僅是用來為未來做準備。

畢竟有些事情只有「現在」才能享受到，而品味「現在」這個時刻的重要性，應該不亞於「為了未來而準備」吧。

「聽說了嗎？那個人去世了！」

人，早晚要歸為塵土。

死亡是壞事嗎？是悲傷的事嗎？會有什麼感受完全取決於你自己。不過，確實也有人對死亡不做負面思考。

只是，朋友去世時，你還是感到悲傷了。

這讓你強烈地想要珍惜現在。

比如讀小學時，神戶發生了大地震；讀高中時，在電視上看到美國的911恐攻事件；還有二十幾歲時的311大災難。發生這些事件時，特別讓我們覺得應該更加珍惜現在。

但是，隨著時間的流逝，強烈想要珍惜現在的感覺，會在你的心裡漸漸變得淡薄。

其實，為未來做準備固然十分重要，但珍惜「當下」也同等重要。

試問自己：「現在，自己真正想做的事情是什麼？」

13 給厭惡自己當時太求好心切的你

「已經說這麼多次了，怎麼還是不懂！」

剛擔任足球教練的你，只會對孩子們說這樣的話。他們應該有自己的「滿意標準」與「想踢球」的理由，但你卻對此充耳不聞，一味地只是要求孩子的「成長」和「成績」。

你要求孩子學會原本不會的，認為成長與成績比什麼都重要，並對此深信不疑。結果你對孩子不會的部分反而漠不關心，甚至他們為了一點點微小進步而閃爍在眼中的喜悅，也沒有讓你感到滿足。

即使你讓孩子們檢討原因，但什麼說法都無法符合你的「期待」，因為你希望孩子們能夠「做得更好」。

其實這只是個藉口，而且有些狂妄，它終究是來自你隱藏心裡的自卑感。

這是想透過孩子的成長來改變自身的評價，想要藉此得到社會認可的行為。

後來，你變得不想面對那樣的自己了。

那個時候距離現在，已經有好長一段時間了。

從那時候起，你更努力向前，希望讓時間化為改變自己的能量。於是你將失敗的片段記載下來寫成書，讓人們看到你的失敗，好讓你警惕自己不要再犯相同的錯誤。

然而那些孩子呢？

那個時候、那段時間已經一去不回。你也想知道當時那些孩子的感覺？還有，他們現在變得如何呢？

坦白說，過去的經驗是現在生活的導師；如今的你，只希望更能全心投入自己喜歡的事物，珍惜每一天的生活。

如果有機會再見到那些孩子，你想對他們說一聲「對不起」。

但你也知道，應該不會再見面了。

試問自己：「現在，想珍惜的是什麼？」

14

給以為自己可以獨立做任何事的你

小學轉學後，你遇到了讓你一生難忘的恩師。

儘管畢業了，你還是一直受到這位老師影響，只是，以前你並沒有意識到。

幾十年過去了，至今你未曾再見到他，才發現自己仍然深受這位老師的影響。

你念小學的時候，考試總是拿到一百分。

但這並不是你特別聰明。

是班上同學的幫忙：你教我、我教你地互相教導，所以幾乎每個人都得到一百分。

懂的同學教不懂的同學。

教的不只是答案，也教解題的方法。

懂的人也因此變得更懂了。

進入社會之後，你知道可以獨力完成的事情是非常有限的。

社會上的事情不是考試，沒有所謂的正確答案。

這是常有的情形。

社會上的課題常常需要大家一起面對、互相幫助，更需要拿出自己的專長協助別人。這是非常重要的。

就像小學時面對班上考試的時候一樣。

試問自己：「能拿出什麼專長去協助別人？」

15

給總是表情冷漠的你

「你真冷漠啊！」

受到這樣的言語批評，已經不只一、兩次了。
其實，你不是對眼前的狀況不理解才反應冷漠。
反而是因為太瞭解，而且想像得到自己加入群體的情況，只是不知道
自己為何總是一臉冷漠。

就如同在天空飛翔的鳥，會在一瞬間看到自己飛舞的畫面。
而那一瞬間，也是享受和大家一起快樂遨翔的瞬間啊。

人需要學會冷靜判斷、理智面對周遭氣氛，是很重要的事。

但若能夠擺脫理智的觀察，決定選擇快樂，也是同樣重要的事。

請想想，一個是理智觀察周圍的自己，另一個是想要享樂當下的自己。

該選擇做哪一個自己呢？

其實，重要的是當下——要看在那個時候的自己，想要的是什麼。

試問自己：「喜歡怎樣的自己？」

16

給過於努力的你

「別人會趁我休息的時候超越我。」

一直以來，不管做什麼事情你都全力以赴。

但過了一定的時間後，你便會像電力耗盡的電池般茫然無力，什麼事都做不了。

可是一旦充飽了電，你又馬上變得生氣勃勃，再一次全力以赴——你的生活，就是像這樣地一再重複。

因為對你來說，如何休息與放鬆自己，是一件很棘手的事。

然而，你的頭腦與身體都需要靠休息、睡眠來恢復，以及保持平衡。

一直動、一直動，疲勞一再累積的結果，即使做的是相同的工作，你的表現也會變差。

所以，休息是非常重要的。

但你已忘記曾經有人教過你休息的方法。

一定有人告訴過你：不管是讀書、運動、工作，「休息也很重要」。

然而，在聽到這話的同時，你耳邊也會響起：「因為比別人更努力，所以結果也比別人好」這一類的話語吧。

運動的時候被拿來和別人進行比較，似乎是理所當然的事。明明不是自己舉手願意和別人比賽的，卻不知不覺就已經「在和別人比賽了」。

總會有人說：「你休息的時候，那個人還在努力哦！」

但你就別管這個了吧！

難道你還不累嗎？

老是擔心別人比自己努力，身心如何能夠得到休息？

那樣的話，不僅無法擺脫疲勞，身體也會出現種種病症。

雖然為了提升彼此的實力，競爭確實有其存在價值，可是如果因此讓身體垮了，那就什麼也成就不了。

請正視休息的必要性吧！

試問自己：「下次什麼時候休息？」

17

給對於委派的工作不開心的你

「這不是我想做的事。」
「這明明是不需要我也能完成的事。」
「為什麼非我做不可？」

人在職場的你，總有著被交代的任務與業務。
在這些被上司交代、必須做的任務與業務中，有些會讓你感到失去自我，於是你有著被強迫去做的感覺。

你想擺脫那些事，從事能逐漸點燃自己熱情、是自己喜歡或擅長的事，你想忠於自己地生活著。

然而，與此同時，你也期待自己「在該做的事情中發現樂趣」。
能夠這樣就太棒了。

「要怎麼享受工作呢？」
「這樣的工作總會隱藏著什麼樂趣吧？」
「這個工作有什麼魅力呢？」

剛進職場成為新進員工時，你每天都要站在影印機前一個多小時。
影印資料的工作當然每個人都會，不需要你做也可以。

「唉……為什麼要我做……」
你向朋友抱怨個不停，一天比一天更不想做這些事。

可是，抱怨完後你感到輕鬆了嗎？

你想到「為什麼不縮短時間，在五十五分鐘內完成呢？」

於是你試著去做，實際操作，並且成功地縮短了影印資料的時間，這讓你感到喜悅。

不想做的工作，也會因為改變想法與花了一些功夫而得到樂趣。

對於不用你來做也有人做、或是自己不喜歡、覺得麻煩的工作，如果能改變想法，找到讓工作變得有趣的方法，你會發現，即使是單調的影印工作，也可以從中挖掘到樂趣。

與其抱怨「那不是自己想做的工作」，還不如努力在那樣的工作中找到樂趣，以這份喜悅來回饋自己。

試問自己：「這件事隱藏著什麼樂趣呢？」

18

給對於眼前的處境無法做出選擇的你

能對眼前的處境做出選擇，是非常幸運的事情。

在這個世界上，既有不能選擇自己想做的事的處境，也有禁止個人做選擇的國家。

你心中必然有想要體驗的事，也想過能擁有什麼樣的歷練吧？甚至，這個願望已成為藍圖，是支持你活著的力量吧？

若如此，你是能夠做選擇的人。

然而，你明明沒有「被禁止」選擇，眼前也有好幾個選項，你卻哪一個也不想選。

那個我辦不到。
那個我的資格不夠。
那個我沒有信心。

因為你有這樣的想法，於是你的眼前變得沒有選項了，於是你對自己說：我只能這樣做了。
可是，這樣真的好嗎？

無法選擇與放棄選擇，是截然不同的。

試問自己：「現在有什麼選項呢？」

19

給不能接受自己「做不到」的你

因為我們天生就不完美，有著凹凹凸凸的各種欠缺，所以必須互相照顧地活著。

但麻煩的是：我們總是非常在意自己做不到的事。

這讓我們失去行動的動力和自信心。

我們總是因為好奇心旺盛而無法專注完成事情。

不能長時間安靜地坐在椅子上。

在家裡東翻西找，就是找不到某個物品。

不管怎麼努力都做不好。

於是，開始花時間想改善這些情況。

但終究還是唉聲嘆氣：「我就是做不來這些事呀！」

為什麼大家都能做到，自己就是做不到呢？

一想到「這樣下去該怎麼辦才好」，你便感到頭痛不已。

所以，不如乾脆承認自己「就是做不到」吧！

做不到不是不可以，但瞭解自己做不到，承認自己的缺陷之後，不就更應該能夠定下心來問自己：「既然如此，那麼接下來該怎麼做？」不是嗎？

你一定也有什麼事情是覺得自己做不到的吧！

試問自己：「我欠缺了什麼？」

20

給想要擺脫負面自我的你

「要正向一點！」

「不能存有負面想法！」

「趕緊轉換情緒！」

正向地看待事物、擅用自己的能力、從失敗與失誤中獲得經驗、轉換成正向情緒，立刻付諸行動……如果能夠做到這些，是多麼棒的事呀！

然而，你還有其他必須知道的事情。

「正向的自我」與「負面的自我」，經常是同時存在我們內在的。

如果我們老是只接受「正向的自我」，而否定「負面的自我」，那麼，被否定的自己就會越來越膨脹，在我們心裡形成黑暗的漩渦。

漸漸地，你的抱怨會越來越多，也會更愛怪罪別人，總是想把不能說出來的心情大聲喊出來。

你甚至會感到悲傷與懊惱，覺得羞恥與罪惡，而這些都是來自「負面的自我」。

但是你知道嗎，一個人正因為有了「負面的自我」，才能逐漸淬鍊出有深度且豐富的內在。

試問自己：「心裡有哪些負面的想法？」

21

給被認為做人八面玲瓏而感到受傷的你

「那個人不管對誰都是和顏悅色。」

「是呀，那就是人家說的八面玲瓏吧。」

你因為這樣的對話而感到心裡受傷了。

你對誰都用心關照，也總是敏銳地注意到場面的氣氛。

你像蜜蜂一樣，在好幾個群組之間跑來跑去，靈活地處理各種場面的氛圍，這或許就是你被說是八面玲瓏的原因。

但那樣的形容有時像刀子一樣刺著你的心。

要換個角度來看這件事嗎？

或許就因為你遊走於不同群組，吸取了各種不同的想法，才總是能創造出新的觀點。

也因為你融合了他人與自己的經驗，才能擁有面對各種事情的獨特想法。這就是很好的證明。

你之所以能夠不斷提升自我，擁有更好的見解，就是因為加入很多的群組，才有機會結合各方的想法。

所以，與其在意「別人為什麼會那麼想」，應該更重視在這些群組的相處中，最能夠讓自己感動、有興趣的事物。

試問自己：「你會為了什麼而心動？」

22 給想要有所成長的你

當你和那些可以暢所欲言的朋友聊天，或是和那些會接納你一切的夥伴在一起時，那種滿滿的舒服感覺，總讓人想要永遠不分開。

但如果你想要成長，那就別讓自己總是待在舒適圈，要推自己一把，給自己一些壓力。

儘管我們對壓力的看法常是負面的，但壓力可以讓我們成長。

如果你對「壓力」這個詞感到不舒服，也許可以試著用「伸展」去想像。

這就如同在做肌力訓練時，如果突然承受過大的負荷，身體就會受傷。所以，只要讓肌肉感到有一點不舒服就可以了。

同樣的，當你想要有所成長時，就在自己的行動中添加一些「伸展」吧。

試問自己：「今天想要有什麼成長呢？」

23 給堅持計畫的你

「如果你對教育與環境感興趣的話，那麼就應該去峇里島。」一對住在澳洲的老夫婦對你說。

你被這句話打動了。

雖然很想現在就出發去峇里島，但這麼一來，將會打亂許多原有的計畫。是去還是不去？真的讓人兩難。

然而，當時你還是選擇聽從老夫婦的建議與時勢的走向，去了峇里島。

去了之後，周圍的環境問題確實讓你產生很大的興趣。

例如：「有什麼方法可以減少廁所水量的使用？」

當時眼睛閃閃發亮的孩子們提出的問題，像錘子一樣敲打著你的腦袋。你想：自己為什麼連一個這樣的問題都沒想過呢？

決定目標後，按照計畫前進當然是很重要的事。但是，重視人與人之間的機緣，順勢而為，也會將我們引導到一個意想不到的地方。

所以，一切還是以讓自己感到輕鬆為原則吧！

試問自己：「怎麼做才能讓自己感到輕鬆呢？」

24

給無法發洩憤怒的你

三溫暖後不擦汗就跳進大眾池泡澡的人，真討厭。

不排隊，一副若無其事樣子就插隊的人，也很討厭。

沒有半點遮掩地發出咀嚼食物聲音的中年人，也很讓人反感。

自己總是謹言慎行，也學習了如何忍耐與協調。

但為什麼那個人可以無視周圍人的感受，難道這就是所謂不受限的自由嗎？

你也知道這可能是你自己的偏見，可是你的內心深處總是因此憤憤不平。

「可是，你為什麼會這麼生氣呢？」
那憤憤不平的情緒背後，似乎有著一絲絲羨慕的感覺。

你偶爾也想撲咚一聲跳進浴池中。
有時也想插隊來縮短等待的時間。
也曾經想要不在乎旁人的眼光，大口咀嚼食物，痛快地吃喝一場。
對那些面無愧色、一點也不在意旁人眼光的中年人，你覺得自己好像有點羨慕他們。

一定就像血型書上說的那樣：
A血型的人不喜歡B血型的人。
血型A的你，對個性自由奔放的B型人，總是覺得不舒服。

其實，那也是你對於可以那樣生活的人感到羨慕的緣故吧？

試問自己：「我的憤怒深處藏著對什麼事情的羨慕呢？」

25 給自認無法與人好好溝通的你

「為什麼他（她）會這樣想？」

如果這個世界上有一種比賽叫做「具有魔力的語彙比賽」，那麼「改善溝通的魔力語彙」絕對會列為比賽項目之一。

我們的言行裡存在著有意識的話語與行動，也存在著無意識的話語與行動。但不管是有意識的或無意識的，其背後都有著某個意念或想法的根源。

某人的想法雖然和你完全相反，但那個人必定有自己的想法。如果你能對那個人背後的想法感到好奇並給予理解的話，那麼你們的關係應該會有所改善。

你曾經在倫敦生活過一段日子。

有一天，你在客廳看到兩個室友在聊天。無意間聽到了他們的談話，似乎是在說各自喜歡的足球隊。

一開始，他們開心地談論自己喜歡的球隊，十分自豪地告訴對方那球隊有多棒。

明明交談得如此熱絡，卻不知說到哪裡時出了狀況。兩人原本愉快交談的表情，竟明顯變得越來越漲紅。

然後，他們開始批評起對方喜歡的球隊，不愉快的氣氛一發不可收拾，眼看就要動手打起來了——突然，雙方同時閉上嘴，本來很開心的交談氣氛，瞬間就這麼消失了。

他們兩人帶著陰鬱的表情，回去各自的房間。

對自己喜歡的事物的珍惜之情自然是很重要，但是尊重他人對喜歡的事物的珍惜之情，也很重要。相信他們兩人一定都明白這一點。

但如果他們心裡能對彼此放著這樣的疑問：

「為什麼他（她）會這樣想？」

只是這樣的一句話，應該就能讓不停上升的激動情緒冷靜下來。

試問自己：「有試著去瞭解對方的想法嗎？」

26

給為了事情不如己意而沮喪的你

這個世上，有些事可以靠自己的力量改變，但有些是如何也無法用自己的力量去扭轉。

當你投注了精力，事情仍然無法照你所希望的改變時，你可能變得不開心，而且覺得憤怒。

大家都知道，日本被譽為全世界電車時刻表最準確的國家。

在德國，列車到站時間只要不超過六分鐘，就可以被認為是準點到站，但在日本，列車即使只是遲到一分鐘，車內就會響起誤點的道歉廣播。

針對遲到的一分鐘，有人會憤憤地抱怨「怎麼搞的」，可是也有人會聳聳肩，認為「這也是沒有辦法的事」。畢竟列車到站的時間不是自己可以控制的事情，那麼，若把精力放在這類無法靠一己之力而改變的事情上，不是徒增疲憊嗎？

運動比賽也是一樣，有很多事情都不是自己能夠控制的，例如天氣、對手、裁判的判決等等。

既然控制不了，就接受現實。我們應該做的，是把精力集中在自己能控制的事情上。

我們能控制的事情只有「當下」與「自己」。

所以現在，你能做的事情是什麼呢？

試問自己：「我是把精力投注在自己可以控制的事情上嗎？」

27 給工作不如預期滿意的你

在荷蘭，阿姆斯特丹的Instock餐廳主廚以拯救廢棄食材所做的料理，得到了顧客的好評。而在當地的運河上，有一種邊划船邊撿垃圾的活動行程，甚至比坐觀光船更受到遊客歡迎。

這個世界上，有些人能夠從被視為垃圾的事物中發掘價值，並為其打磨、使其以閃亮耀眼的模樣展示在眾人面前。

有些人不自覺對一些事物視而不見，另有些人卻早已將眼光放在這些事物的價值上。

而工作，也一樣可以帶給人這種發掘價值而產生喜悅的樂趣。

若能從工作中找到價值，從而帶給人喜悅，並讓自己感到滿足，是至關重大的事。所以擁有能夠發現有價值事物的眼光，是不可欠缺的事情。

最近購買的物品、得到的東西、或花錢體驗的事物背後，都蘊含了自己感受到的價值。培養發現價值的眼光和將其具象化的力量，更是無比珍貴。

所以，試著培養發現價值的眼光，以及可以傳達形式的力量吧。

試問自己：「眼前進行的某件事，具有何種價值呢？」

28 給想知道自己根源的你

這是一次出國比賽頒獎典禮時發生的事。

「為什麼這樣隨便放國旗？」

對你說這句話的是一位巴西女性選手。

她無法理解，你竟把自己國家的國旗隨意亂丟在外套旁邊，這讓她很生氣。

你應該重視自己出生的國家、成長的土地、父母給予的名字，勝於其他一切吧。

沒錯，你應該大喊「我的國家最棒」，乃至於應該認為沒有任何事物比得上自己的國家。

只是、只是……

教你這麼重要的事情的人，竟然是一位外國女性。

今年你也即將出發去旅行，或許也是一趟尋根之旅。
不知道會不會在那個目的地有新的發現。

試問自己：「我身上是否隱藏著什麼根源？」

29 給一味強調自己正確性的你

「我喜歡這樣的思考方式。」

從那時起，你總是會不斷反覆琢磨自身的思考方式與價值觀，而那些你所思所想的事，後來也漸漸變成你很重視的事，久而久之，它們就成了你所認為的「正確之道」。

即使不吃早餐、每天穿相同款式的衣服、不使用智慧型手機……如果這些對你而言是「正確之道」，那麼這些就是好的。

但是，當你沉溺在你的「正確性」且對你而言是不可動搖的事物時，卻不知不覺忘了你面前的這個人也有他信奉的「正確之道」。

如果，你把自己的「正確性」變成劍，並用劍尖直指對方的「正確性」，那麼勢必會讓對方感到恐懼，進而穿上盔甲，採取防禦之姿。

正如同你有你的「正確性」，對方也有對方的「正確性」。

而且，所謂的「正確性」，每個國家或地區各有不同的見解，有時甚至會出現完全相反的定義。

所以，與人對話時，不妨把眼光放在對方的「正確性」。

觀察對方視為「正確性」所在的事物價值觀，去傾聽對方為何視其為「正確」的原因吧。

試問自己：「對方所重視的事情背後，有什麼原因？」

30

給內在循環失衡的你

我們吸取能量，並且給予能量。
我們就生活在這樣的原則之中。

就用「呼吸」來做比喻吧。
「吸氣」就是把能量從外導入身體裡，「呼氣」就是把能量從體內釋放出去。

不論是誰，都無法只吸氣，也不能只呼氣。
有了「吸氣」、「呼氣」的交替組合，才能讓能量有更好的循環。

但是，該如何運作？

而維持你生活的兩種能量，是否能和諧循環呢？

每當你依照要求的目標來行動時，隨著一點一點的努力，看到自己離目標越來越近，那「吸入速度加快，釋放能量越來越多」的聲音，就會變得更劇烈。

但那個時候，你是否遺忘了「慢慢吸入」與「感受自己內在」的重要性？

如果可以，最好還是藉由兩種能量的平衡之力，恢復良好的循環吧。

試問自己：「為了恢復良好的內在循環，該怎麼做？」

31

給正在感嘆自己無能的你

「環保意識很高唷！辛苦了！」

喜歡爬山的弟弟一邊爬山一邊撿垃圾，路過的登山客看到，都帶著些嘲弄口氣地對弟弟說。

聽到這件事時，你突然想起某個朋友說的一個小故事。

有個少年準備把被海水打上岸的海星放回大海時，一個中年人看到了，便走近少年對他說：「做這種事情一點意義也沒有。因為這個世界到處都是這種問題。」

答他。

「是啊。不過，我做的事對這隻海星來說，是有意義的。」少年回

其實，我們在眼前突然出現一道看不到頂端的高牆時，會因為其高度而感到驚愕。

在面對這樣的一堵高牆時，你可能會對自己說：「我能做的事情幾乎微乎其微啊！」

接著，便產生一種自暴自棄的念頭。

然而，也有人在面對這種無奈時，仍然會試圖尋找自己能夠做的事。

我們或許改變不了社會環境，卻能夠隨時改變自己的行為。

希望你也能夠成為這樣的人。

試問自己：「為了理想的未來，我今天能夠做什麼？」

32

給事情不能達到自我期待而煩惱的你

你把「提問」當做生活裡很重要的一件事。

面對眼前感興趣的人時，你認真地聽對方說話。以盡可能客觀的態度，像閒聊一樣地提問。

你會將自己內心的執著和價值觀悄悄擱置一旁，靜靜地聆聽別人的故事。這說起來好像很簡單，做起來其實並不容易。

尤其眼前越是你重視的人，就越不容易做到。

因為你原有的堅持與價值觀會不斷干擾，讓你不自覺地對眼前這個人產生「期待」。

例如「以前不是這樣的」這種關於「過去」的期待，或是「希望會變成這樣」這種對「未來」的期待。

這些期待意識會在你心裡不斷上揚。

然而，當你放開原有的期待，轉而向眼前的人「提問」時，對方的表情也明顯變得輕鬆多了。

這或許是因為你「希望變成這樣」的期待，在你的提問下轉化成「我相信你」的信任，讓眼前的人感受到你的體貼。

其實，如果要你一天二十四小時、一年三百六十五天，時時刻刻都要維持這樣的體貼，是非常困難的。但是，你總是希望自己能隨時用這樣的態度去面對眼前的人。

試問自己：「要放棄期待，相信眼前的人嗎？」

33 給認為自己非拿出熱情不可的你

熱情。

不是想拿就拿得出來的東西，是自己會長出來的東西。

但有些東西，就是越想拿出來，便越是拿不出來。

有一年，德國舉辦兒童真人版的模擬城市「迷你慕尼黑」（Mini-München）。活動開始時，創始者接受了採訪，有人問他：

「要怎麼做才能提高孩童學習的熱情呢？」

聽到這樣的問題，創始者的臉色立刻變得嚴肅起來。

「我不喜歡這類問題。看看這些孩子們！我們不是什麼也沒做，他們就充滿熱情了？他們因為喜歡，所以來到這裡。這樣就很足夠了。」

所謂孩子們的「學習熱情」，並不是大人坐在桌前用邏輯思考出來的方法可以激發、提高的。

其實我們大人也一樣。

因為是自然而然就有的力量，所以才能應用得輕鬆自如。

因為輕鬆自如，所以不會抱怨地繼續努力。

也因為繼續不斷地努力，最後就成了專家。

為了達到這樣的境界，我們需要傾聽內心感受、與自己對話，並且重新與自我聯繫。

今天的你，感覺到什麼？被什麼事物感動了？

試問自己：「現在，我感覺到什麼了？」

34

給思索眼前環境是否適合自己的你

在你現在生活的小島上，小吃店就是娛樂。

來到這個沒有便利商店，更沒有超級市場的小島，你踏進了以前從沒去過的這種小吃店，和此刻站在你旁邊的人手牽手、唱起了歌。

可以追捕野兔的那座山。

可以垂釣小鯽魚的那條河。

如今都還在夢裡縈繞著。

那是難以忘懷的故鄉。

日文「有り難う」有謝謝、表達感謝之意，有「難以擁有」的意思。
而「忘れ難き」，是「難以忘懷」，也就是很難忘記的意思。

對你來說，什麼事情是「很難忘記的事」？

或許是想要再次探訪之地。
也可能是有朝一日想要再度回到的地方。
那是個什麼樣的地方呢？

試問自己：「什麼是自己不想忘記的事情？」

35

給對於環境不滿意而痛苦的你

「什麼條件是你絕對不能退讓的？」房屋仲介公司的經紀人這麼問你。

當時，你正在沖繩尋找住所。

唔——

最好是新房子，通風良好……

起居室和浴室要寬敞……

房子的隔間要……

這個不能放棄，那個也不能放棄，不能放棄的要求實在太多了啊！

這樣的情形應該不會只出現在你身上。

話說回來，「自己絕對不能退讓的事情」到底是什麼？

大多數都可以退讓，唯獨這一點要絕對堅持，怎麼樣也不能放棄。

那個怎麼樣也不能放棄的，到底是什麼？

尋找絕對不讓步的事，與尋找符合自己想要的工作，是很類似的事情。

在尋找符合自己希望的工作過程中，有些人重視的是這種工作的表面價值。

「這樣的工作能讓我有多少收益呢？」

但也有人重視的是工作的環境與人與人之間的關係。

因此會在意：「會和怎樣的人一起工作呢？」

然而，即使是在未必令人滿意的職場裡，如果能在其中發現「不能退讓」的事，就一定可以另外再從中找到它的價值。這樣的話，應該就能下定決心，朝著新的方向邁進。

你雖然在沖繩選擇住家時不斷遭遇困難，但如果能先弄清楚什麼對你而言是絕對不能妥協的事，那麼就能找到「可以看見美好夕陽的房子」。

試問自己：「絕對不能退讓的是什麼？」

36

給忘記遊戲樂趣的你

「改變規則！」

你總是和同年級的朋友及其他兄弟們，在附近超市前的廣場玩鬼抓人遊戲。

偶爾也有其他不認識也沒和你說過話的孩子，在你沒有查覺到的情況下混入你們的遊戲中。

透過遊戲，你們一起活動身體，拉近了心與心的距離，覺得非常愉快。

成人後的你，遠遠看著孩子們的遊戲，並注意到在自己和大家都開心的原則下，遊戲的規則有了彈性的改變。

以前的你們應該也是如此的。

即使是在超市廣場前一次又一次玩的鬼抓人，有時也會加上「高年級的人在躲鬼的時候要求單腳跳著逃」的規則。

另外，當有還沒有上小學的小朋友加入遊戲時，會追加「鬼在抓人時，不可以碰還沒有上小學的人」。

沒錯，雖然只是玩鬼抓人的遊戲，也會這樣自由地改變遊戲規則，讓大家玩得更開心。

誰也不想加入只有一個人會開心的遊戲。

所以，自然而然地就會想著「大家都能開心的事」。

這和我們大人嚴謹地管控「既定的規則」，監視著大家是否忠實地守住規則的樣貌截然不同。

小時候的我們，自己發明遊戲，彈性地變換規則。還有其他這樣具有創造性的遊戲嗎？

Switch的遊戲與智能手機裡的ＡＰＰ程式，是有些人為另外一些人準備的遊戲，那些遊戲確實也很有趣。

但是，儘管如此，我想告訴年輕孩子的是：自己創造的遊戲，是更加有趣的遊戲。

試問自己：「接下來何時要創造什麼遊戲呢？」

37

給不知道要喜歡什麼的你

社群網路普及了，你可以隨自己的心意和世界各地的人進行聯繫了。這是非常可喜可賀的事。

然而，在這背後，也存在著一些令人憂慮的事。

因為在沒有意識到的情況下，你的腦子一直保持著「他人的模式」。

用智慧手機不斷翻閱他人的貼文、觀看他人的活動，也為了讓他人看到你而忙碌，花了很多時間。

你一直在追逐「點讚」和「關注者」的數量。

你的腦子在這種情況下，充斥的是「怎麼做才能讓別人滿足」的思考，而不是「自己的感覺如何」。

「他人模式」的時間增加了，「自我模式」的時間便越來越少。

日復一日地過著關掉「自我模式」的日子，不久之後，你變得想不起自己「想做什麼」。

就算被問「喜歡什麼」、「有什麼想法」，你也想不起自己是怎麼想的了。

這個世界上最重要的人，就是你自己。

那樣的「你」感覺到什麼？

希望你重新正視自己在想什麼。

偶爾從「他人模式」切換到「自我模式」吧！

試問自己：「今天要和怎樣的自己共處呢？」

38 給緊抱過去成就的你

因為擔任日本國家代表隊與全國冠軍選手們的心理教練，這樣的成果讓你備受關注，你收到了來自許多地方的邀約。

你帶著想回饋球隊與球員、想要出力幫忙的心情，於是接受了許多工作。

於是，你的行程表排得滿滿的，經常飛到日本全國各地。

這種情況已經過了好幾年了。

腦海裡甚至有了這樣的疑問：「一直在說那些事情，到底要說到什麼時候為止？」

在各式各樣的人們面前，一次又一次重複講述的事情裡，幾乎很少提及「現在的自己」。

因為所講述的內容，都是過去的光榮事蹟。

看看自然界吧！

江河的水持續地流向大海，大海的漲落一再反覆。

不管是河流還是大海，都不會停止腳步留在原地。

雲也是一樣的。

雲會乘著風而行，是停不下來的。

不管陰天的烏雲如何濃密，月亮與太陽還是會露臉。

而你呢？

你是不是想一直停留在過去的成功經驗中？

和選手們相關的許多經歷，對你而言確實是無可取代的。

這是事實。

但是，只是緊抱著過去的經歷，你只會看到一直不變的景色。

這會讓你錯過原本應該會看到的風景。

其實，你需要鼓起勇氣，放棄光彩的事蹟與成功的經驗。

勇敢放手吧，因為前方應該有新的風景在等著你。

試問自己：「現在想放棄的事情是什麼？」

39

給為了某些不在場的人
而忽略更多的你

「想把眼前的情況，傳遞給現在不在場的人。」

你的手裡拿著照相機。
因為想把當下自己心中的喜悅，讓不在現場的人也能感受到。
於是你走到哪裡都拿著相機。
即使旁邊還有別人的時候，也一直在按快門拍照。

粉絲們會對你拍的照片點讚，也有人發送「被療癒了」的文字。

即使你拍攝的是家族照片，也讓他們很開心地回應。

但是，有時也會有朋友對你說：

「今天放下相機吧。」

「為什麼？」你問。

「因為你拿著相機時，感覺你的心一直不在這裡，不能好好地說話了。」

朋友如此回答。

那一瞬間，你覺得好慚愧。

拍照的初心是為了讓某人感到開心。

但是，和眼前的人在一起的重要時間，卻因此被你忽略了。

你意識到自己以前沒有注意到的事了。

為了不在現場的人而拍照留影，這固然是出自好意，但也要更珍惜和眼前的人在一起的時刻。

試問自己：「我重視眼前這一切嗎？」

40

給想要變得更厲害的你

希望和大家都成為好朋友。

有著這種希望的你，總是很努力地讓自己成為一個事事周到的人。

你知道學會新的技藝、累積各方面的經驗、提高成就，讓自己擁有華麗的成績與成果，是強化人與人聯繫的要素。

累積成功經驗的思考當然是很重要的事。

但是，建立與此相反的思考，也是一件有益的事情。

雖然很多人確實會對某人的「成功法則」感到興趣，但內心卻未必對那樣的做法有共鳴。因為會讓人產生共鳴的，總是「失敗的案例」。

畢竟人們很難在成功法則裡找到共通點，卻很容易在失敗的案例中發現相同的經驗。

比如對方經歷過什麼樣的失敗，並且從失敗中學習到什麼。

由此，你的共鳴感測器會有很大的反應。

所以，試著與眼前的人聊聊失敗的經驗，讓那樣的經驗成為聯繫彼此的契機吧！

試問自己：「自己曾經歷過什麼樣的大失敗？」

41

給本來想以一己之力解決事情的你

「金錢」的字源和「結束」是相同的。

這是島上的朋友教會我的事。

那時，「沒有結束的答謝」這個念頭，一直深深盤踞在我心頭。

住在城市裡，只要花錢，就可以憑一己之力擁有需要的物品，在盡可能不麻煩別人的情況下過生活。但在聽到島上人的生活時，你感到震驚了吧？

喜歡吃BBQ與露營，但缺少BBQ與露營的器具。

想在家烤肉，卻沒有烤盤。

這種時候只能向朋友或認識的人借用那些器具。

沒錯，當自己什麼也沒有的時候，就只能過著向別人借用物品的生活。

洗乾淨借來的烤盤，帶著烤好的美味肉品去向人家道謝，結果還被人家邀請在家中用餐。

幾天後，為了答謝人家，於是帶著土產前去致謝。但人家又回以蔬果，說是「今天早上剛採摘的」。

明明是去致謝的，卻收到回禮；明明是去還禮，又被答謝了。

來來回回的答謝、還禮，總是沒有謝完的時候。

結束不了的答謝所衍生出來的東西，就是「關係」。

每一次的還禮，都會加深你與那些人們的關係。

試問自己：「我想和誰建立什麼樣的關係？」

42

給感嘆「為什麼總是我」的你

你發現自己早上起來進行打掃後，才能開始一天的工作。

早起打掃家裡，成了你的日常。

你總是開啟吸塵器，用濕布擦拭環境，再打開窗戶讓空氣流通。

但是，在這樣的日子裡，你發現只有你在做打掃的事情。

漸漸地，你覺得心有不滿了。

一個不滿會招來更多的不滿。

眉間的皺紋出現了。

「為什麼總是我？」

這樣的挫折感不斷地累積。

某個早晨，在你一如平日進行同樣的打掃時，突然聽到另一個自己的喃喃低語。

「不想做的話，就不要做啦。」

之後的幾天，你試著不打掃、不做家事。

可是，在你不打掃、不做家事後，卻覺得日子過得不舒服。

結果你又開始打掃了。

如此說來，那些事其實是你一開始就想做的事。

自己重視的事，希望別人也一樣重視。

每個人應該都是這麼想的吧。

只是，當你對別人要求過高的時候，會忘了有些事其實是自己一開始就想做的事。

試問自己：「那是誰想做的事？」

43

給認為自己總是在做無用的事，而封閉自己的你

「為了發現人生，免不了就會浪費人生。」

這是首位單人無著陸成功飛越大西洋的飛行員林白之妻——女飛行家安妮．默若．林白的名言。此外，安妮也是個善於寫遊記的作家。

且不論這些。所謂「浪費」或「無用」的東西，給我們的印象總是非常負面的。

當然了，平白浪費自己的重要時間，是不應該的。

然而，做所有的事情都一直線地前進、像機械一樣有效率地操作，就不能感受到人活著的實際感覺。

「哎呀——這裡禁止前進了。回頭！回頭！」

這是你小時候，和朋友們一起前往後山探險的經驗。

在你們隨意前進的時候，突然遇到屏障，前方沒路無法前進了。

這樣的事情不會只遇到一次，好幾次都只能停下腳步。

而你們經歷幾次的停下腳步、後退轉彎後，竟發現了只有你們才知道的祕密場所。

有些事情乍看之下，感覺是一種浪費。

但把所有的浪費也包含進去，才能創造現在的你。

試問自己：「是何種浪費成就了現在的你？」

44

給渴望自由而嘆氣的你

植物不能自己行動去遠方，於是持續不斷地在進化，讓種子可以飛到遠方。

相對於植物：

你可以用腳移動自己，能夠選擇自己想住的地方。

你可以繼續住在現在的住所，也能夠前往國外生活。

你可以過著植物做不到的事，離開住所到其他地方暫住幾個月。

如果在暫住的地方住不慣，也可以回到原來的地方居住。

你出國到海外旅行時，住在當地的日本人問你：

「你是怎麼找到這邊的工作？」

你很快就決定了答案，笑著這樣回答：

「來了再想辦法呀！」

當然，不可以聽到什麼就相信什麼，要知道來到這裡的人付出的辛勞，是超出你所想像的。

不過，你也獲得了你想要的自由選擇住處與生活方式。

和不能選擇自己生存場所的植物相比，你自由太多了。

你可以在原來的地方發光，也可以移動到你想要的地方。

試問自己：「我想在什麼地方綻放自己？」

45

給正為眼前的困難而煩擾的你

「問題發生的時候不要慌張。」一位當工程師的前輩如此說：「要耐心地找出問題的原因。」

雖然在那個網路公司工作時間不長，但這是發生在那個時候的事。

那時我做的是銷售員，每當客戶的網路發生故障時，就會請那位前輩幫忙。

不論是智慧型手機還是電腦，都有連結網路，以便執行許多搜尋的功能。理所當然地，網路公司就會有支援這些機能的人員。

網路發生故障時，首先要做的事情，就是區隔各個單位後，再來思考問題的原因。

是整個公司的網路都沒有連接好嗎？
是特定的部門沒有連接好嗎？
是只有管理單位的終端機沒有連接好嗎？
就像從外城河開始進行掩埋一般，必須去到特定阻礙了連結的場所。

有時，會發現網路出現故障的原因竟然意外地單純。
可能是通訊設備的插頭鬆脫，這只要重新通上電源就好了。
或者是電線損壞了，這也只要重新換條電線就好了。
這樣簡單的問題是真實存在的。

就如同面對複雜糾纏的線結一樣，必須先細心找到每一個結，然後進行一一鬆開的工作。

而你遇到的問題，很可能也是同樣的做法。

現在覺得是個大問題，但是仔細尋找癥結後，會發現問題的原因竟然非常簡單。

不論是和頑固的上司之間的關係，還是同事之間的不愉快、朋友與家人之間的疏離感、想做卻做不到的壓力……等等問題，應該都有隱藏在某個地方的癥結。

試問自己：「問題的癥結是什麼？」

46

給認為不能逃避的你

你以島上的高中生為對象，舉辦職業研討會。

學生們提出來的問題，每次都讓你感到驚訝。

從大人觀點來看，絕對不會去想的「這樣做會如何？」的就業觀念，他們卻一個接著一個提出來，這真的讓你十分驚訝。

例如：

「可以選擇逃避嗎？」

雖然你從小就被教導：

「逃避的行為，是膽小鬼才做得出來。」

「一旦決定了，就要進行到最後。」

「才開始就馬上想放棄，太沒用了。」

你也知道，即使遇到不喜歡的事也不可以退怯，遇到困難時要勇往直前、克服眼前的困難。

而人生中，確實也會遇到絕對不能逃避的時候。

例如：公司裡的人際關係、與家人間的金錢問題，或是以自己的人生為賭注的輸贏問題……等等。

但說真的，有時「逃避」卻是很重要的。

「逃避」是為了保護重要的自己。

「不戰而逃」應該也能有所收穫。

網路上受歡迎的角色扮演遊戲中，有戰鬥、持咒、道具、逃跑等等指令，你可以憑自己的意志從中選擇自己的需求。

然而，不知從何時起，或許是「逃跑」所帶來的愧疚感，讓你漸漸不再使用這個指令。

所以請別忘記，你還有「保護自己」這個重要的選擇。

試問自己：「我有逃跑的選擇嗎？」

47

給為了「不能再見」而悲傷的你

「那不是離別的歌曲，是誓言再相見的歌。」

這是某個樂團的曲子。以前在學校一直很要好的一個同學，在KTV唱了這首歌。他每次都唱得很開懷，你在不知不覺中也喜歡上這首歌。

螢火蟲的光，窗欞上的雪。
日月輪流，去又覆返。
不知不覺間，杉木門開了。
今天早上就要分別了。

後來才知道這首被樂團大膽改編，經常被拿來在畢業典禮上或離鄉遠行的朋友聚會時拿來唱的歌曲，原本是一首蘇格蘭的民謠。

但這不是離別之歌，而是誓言再見的歌曲。

然而如今，你知道在自己有生之年，再也不會見到他了。

但你相信，到了生命的盡頭，你們兩個一定會在天國相會。

到那時候，你想帶去很多關於你的故事說給他聽。

因為是好朋友，他不會只對你那些快樂或成功的故事感興趣。

他會想真心傾聽的，應該也包括你的困頓、挫折，或那些悲傷、種種不順利的經歷。

試問自己：「再會的時候，想說什麼呢？」

48 給覺得自己做得不夠好而難為情的你

你學生時代受歡迎的樂團，打動了許多人的心。

然而，他們能打動聽眾的原因，應該不是他們的歌有多棒，或他們的歌唱技巧有多高超。

在此要做個解釋，以免被誤解。

其實他們歌唱得不好，英語的發音也與純母語的人相差甚遠，甚至可以說，他們是故意用不標準的英語來唱歌。

然而正因為如此，他們這種好像用靈魂直接說話的歌唱方式，卻深深震撼著你。

而那時的你，卻不能更完整地表達出內心深處一直想要訴說的感覺。

你總是想：

這個不整理得更漂亮是不行的。

那個不做好的話，就太難為情了。

因為說不好英語，所以不可以出國。

如此在意他人眼光的你，對於「是否準備得足夠好」的事情耿耿於懷。

因為這樣的在意，澆熄了想要好好表現的熱情，這實在太可惜了。

試問自己：「我表現得不好嗎？」

49 給誤解了「嚴格」的你

「不想做的話，那就回去啊！」

好幾次，你帶著憤怒如此對孩子們說，讓他們處在你的語言暴力中。你剝奪了他們的信心。

你無視於自己沒有領導力的事實，反而一味要求孩子們拿出幹勁。這是把責任都推托給別人的行為。

那時的你誤解了何謂「嚴格」。

你使用強硬的口氣與強硬的行動來激發孩子的幹勁，以為這就是「嚴格」，結果成了被討厭的人。

你的這種「嚴格」對孩子來說，不僅沒有產生鼓舞的效果，反而還讓人失去幹勁。他們變成只做你要求的事，其他的都不想做了。

漸漸地，孩子們的眼神不再有光彩，變得像是受你操控的機器人。

直到好幾年過去了，你才終於深切地知道什麼是嚴格。

嚴格是「體認到做決定的重要性，並為自己所做的決定負責到底」。

在這個不是只有一個正確答案的時代，只要堅定地朝向某個方向前進，就會有出路。

即使沒有獲得任何人的關注，只要持續下去，就能有所斬獲。只是，這過程中所要經歷的不安與辛苦，簡直是超乎想像。

如果由別人做決定的話，那麼就不必承擔責任。

若是自己做決定，就得自己完全負責。

真正的嚴格，是重視「自己所做的決定」。

然而，嚴格是會帶來快樂的。

正因為是自己決定的，所以必定會留下足跡，成為可以補強自己體魄的自信。

試問自己：「我想接受什麼樣的責任呢？」

50

給深深覺得不努力不行的你

「努力吧！」

每次被人這麼說，你都會很不開心。

這樣的事情總是一再發生。

你自己也知道自己比不上別人，知道自己有非克服不可的缺點。

你只是在向自己撒嬌，給自己找藉口而已。

但是，每當感覺到自己的不如人時，你還是會覺得似乎墜入深沼，舉手投足都困難重重。

其實，真正應該努力的是「想做的事」，而不是「應該做的事」。

一個因為「必須去做」而邁著沉重步伐走向練習場的運動選手，和一個因為「想要去做」而踩著輕快腳步踏入練習場的運動選手，兩者的成就會有雲泥之別。

因別人要求而努力把事做好，固然很好，但發自內心而「想要去做」的努力，是更有力量的。

這兩者根本上的差別，就在於「是不是出自喜歡」。

當對努力感到「厭煩」時，就是原本在心裡的「喜歡」仍不夠強大，以致於容易動搖。

所以，請再次審視自己內心最根本的樣貌吧！

試問自己：「真的喜歡的是什麼？」

51

給想回到過去的你

如果能夠回到十年前，你想對那時的自己說什麼？

最好多些準備，多做一些。
為了即將到來的機會，一定要提早做準備。
否則就要面對失敗哦！

其實有些話會說，但有些話是無法說的吧！

有時，你是否也會想像：「如果遇到十年前的自己會如何？」

然而，如果真的出現想像中的情景，你大概也只會說「照著原本那樣就好了」。

乍看之下，以前好像做了沒有用的事情。但是，你之所以成為今天的你，正是那些事情累積而來的。

高中時代的打工。

和朋友們的爭吵、落淚、歡笑。

想要滑雪，訂了新潟滑雪場的小屋，結果每天在那裡面玩遊戲，從早玩到晚。

很快就扔掉的吉他、爵士鼓。

整天看漫畫，什麼事也不做的日子。

就是這些造就了你現在的樣子。

因為有以前的種種，所以才有現在的你。

人生確實可以和現在不一樣。
但是，現在的人生也不壞呀。
試問自己：「想對十年前的自己說什麼？」

52

給覺得夢想難以實現的你

我們小時候，用「have」來思考自己人生的目的地：

「想擁有娃娃。」

「想擁有可愛的女朋友。」

「想有大房子可以住。」

隨著年齡增加，我們漸漸長大。

在成長到面臨就業準備的大學生後，雖然表現的方式不同於小時候，

但在WISH的表單裡，跟在「have」之後的東西卻更多。

「希望能去穩定的企業工作。」
「希望能在高年薪的企業上班。」
「希望能去大家都知道的大企業就職。」

說得直接一點，這類的願望無非是「希望得到錢」、「希望得到認可」。

這些都是含有「have」的渴望。

等我們再長大一些，成為成人，就會開始用「do」來思考人生的目的了。

「想在奧運上有好表現，給大家帶來正能量。」
「想出版書，將自己的想法傳遞給所有人。」
「想到報社工作，對大眾傳達正確的信息。」

當被問到「你想做什麼？」時，被期待的答案大多是你能做到什麼。然而，能真正完成的，通常都不是簡單的事情。

努力去「do」，而不見得能夠達到「do」的目的地的，則通常被稱為是「夢想」。

朝著夢想時所做的努力，很多時候會獲得人們的讚賞。

不過，若是現在馬上能夠達成的夢想，那就是「be」。

「be」不是「想擁有什麼」。

也不是「想做什麼」。

「be」的答案是「想成為怎麼樣的人」。

「have」與「do」是想在未來的某個時候能夠實現什麼事情。相對於這兩者，「be」是現在就能實現的事。
你可以有好幾個「be」。

想成為重視自己好奇心的人。
想成為重視眼前人們的人。
想成為重視自己與對手時間的人。
想成為能夠給予他人幸福與喜悅的人。
想成為能夠珍惜、感謝人與人之間緣分的人。

「想成為怎樣」的答案，是自己決定好，並且付諸行動就可以了。

從現在這一刻開始，人生的目的將會就此成形。

試問自己：「你想成為怎樣的自己？」

要開汽車，就必須知道操控汽車的方法。

船有船的操作技巧，飛機有飛機的操縱方式。

起動的位置、方向盤的轉動方式、如何加速、讓車子停止、改變方向、故障了要怎麼處理……等等，如果不知道這些，就算想要開車，也無法讓車子前進，更別說要讓車子到達目的地。

就算出乎意料讓車子向前動了，恐怕也會發生車禍吧。

想要駕駛交通工具的話，就必須熟悉那個交通工具，知道控制交通工具的方法。

如此，才能開始通往目的地的旅程。

那麼，你的人生呢？

握著你身體方向盤的司機，就是你自己。

要去哪裡？要怎麼去？你可以自由自在地行動。

然而，如果你不夠瞭解你自己，即使想要自由自在地行動，恐怕也不容易。

幹勁與集中力量的開關。

如何加快速度，如何放慢腳步。

如何轉換方向，疲倦的時候如何恢復元氣。

喜歡的是什麼？討厭的又是什麼？

擅長的事是什麼？棘手的事又是什麼？什麼樣的時候能從心底感到滿足？

如果瞭解自己，就能提高速度，一口氣往遠處推進。

或是自在地稍作停歇，欣賞眼前的景致。

如果不瞭解自己，不僅享受不到沿途的風景，或許還會一直朝著不是自己希望的方向走去。

想要瞭解自己，是要花費人生中很長一段時間與自己相處的。

你就像高大、雄壯的大樹般，張開的根部深埋於地表之下，緊緊抓著泥土，外表是看不到的。越是想瞭解自己，就會越靠近自己、喜歡自己。如此，就能很快地找到適合自己的生存之道。

另外，如果你拿自己和別人做比較，因此而感到沮喪、情緒低落，那麼希望你盡速離開與他人做比較的環境，多花一點時間和自己相處。

在這個社會上，要和某個人聯繫變得容易了。但是有些人卻因為太忙於和別人聯繫，而忽略了和自己進行聯繫。

要怎麼和自己聯繫，才能夠瞭解自己呢？

其實，要能和自己聯繫的工具，就是「提問」。

確實知道自己行動與思考方式的習性。

而這本書，就是要幫助你重新認識「原本的自己」，讓你更喜歡自己、更能有效地操控自己。

你對自己問了什麼問題？

「你認為人在一天裡會提出幾次問題？」

關於提出問題，這是某個人在對我提出「想和你說話時」所提出來的問題。

我們的思考與行動，與提出問題是連結在一起的。根據研究，我們每天會在無意識的狀態下，產生兩萬個問題。

我們的思考與行為，會在我們對自己無意識的情況下提問，而有很大的變化。例如：當一件事情沒有按照我們所想的情況發展時，我們就會很自然地問自己：「這是怎麼了？」

問題會引導我們去思考。一旦被問，我們的腦子就會自動自發地去尋找問題的答案。

當你問自己：「今天有什麼好事嗎？」你應該會從一整天發生的事情中，尋找出好的事情、讓自己感到滿足的或開心的事，然後帶著愉快的心情入夢。

而當你問自己：「今天有什麼未完成的工作嗎？」那麼你或許會想起不能馬上著手完成的事情而耿耿於懷，進而影響了你的睡眠品質。

因為很多事情是在無意識之下進行的，所以很難想像自己會提出什麼樣的問題。在這種情況下，最好能夠多多注意自己在事情發生後的行為。好比在發生失誤或失敗、或超出預期的麻煩狀況時，自己一定會有某種選擇反應，而做出某種選擇。

例如在運動比賽中，由於太在意自己犯下的失誤，就會帶著低落的心情進行接下來的賽事，直到比賽結束的哨聲響起。而這期間，你難免會問自己：

「那麼重要的時刻，為什麼會失誤呢？」

因為內心充滿了自責、焦慮的情緒，而讓自己深陷於負面的思考中。明明應該把心思放在下一場比賽的，但「為什麼」的疑問卻在腦子裡揮之不去。在失誤的畫面一再浮現腦中的情況下，比賽時自然無法發揮應有的表現。

所以，試著去想其他的情景吧！

我非常喜歡旅行，但有時旅行中也會遇到意想不到的麻煩。例如抵達目的地後，在機場等不到行李箱；又例如本來應該已經預約好的餐廳，到了餐廳時卻說沒有位子了……等等。因為事情沒有按照自己所想的進行，心情變得焦躁不安。這種時候，如果一直問自己「為什麼？為什麼會這樣？」那麼，就算找到了真正的原因，也將難以享受旅行的樂趣了。

因為一場比賽中的失誤而一直問自己「為什麼」，一點也解決不了問題。因為旅行中出現的麻煩事情而一直問自己「為什麼」，只會讓旅行變得不愉快。

那麼，應該怎麼問才好呢？

代表性的問句會是這樣：該怎麼做？

「下一次該怎麼踢球呢？」

「該怎麼做，才能融入其中呢？」

這樣的提問能夠讓我們的視野一下子開闊起來，我們的行動也會隨之有所變化。如此一來，注意力就會轉移到下一次踢球的機會，也會想起旅行原本的目的。

話說回來，我們在無意識時對自己提出問題，而為了反應自我的提問，於是會做出思考與行動。若要改變現在的狀況、行動或思考，那麼改變問題就變得很重要了。如果每天因為無意識下的兩萬個提問而導致苛責自己，甚至出現負面行為……光是用想的就覺得很可怕。

那麼，怎麼做才能讓自己的提問顯現出來，而不是無意識下的問題呢？最理想的辦法就是把潛藏在無意識中的問題拉出來，使其變成有意識、好的提問。接下來，就是要積極訓練，做到能像無意識般的把問題反彈回去——就像在玩黑白翻轉棋一樣，能讓盤面瞬間變色。

這種訓練，就如同競技類的比賽是藉由訓練來增強能力與技巧，然後在比賽中發揮實力，才能獲得好成績。沒有練習的選手，幾乎不可能在比賽中有所表現。為了在比賽中發揮實力，有必要一再訓練，把自己的身體訓練到隨時可以做反應的程度。

以棒球為例。

投手從十四點八八公尺外的地方投出時速一百五十公里的球，據說只要零點四秒就可以到達打擊區。現在有許多投手可以投出時速一百六十公里的球了，判斷的時間也跟著增加了。

但相對的，這就讓打擊手判斷投手投球軌道的時間變得更少了。所以必須一再練習，好讓自己的身體可以無意識地、瞬間地做出反應。

這個過程用語言來表示的話，大概就是這樣的感覺：

「讓自己身體的理想動作顯現化（可視化），讓動作滲透到身體裡。」

日常生活也一樣。

當你在節食，想降低體重，想過著健康的每一天時，你一定會採取某些行動。首先，你應該重新檢視自己的生活習慣。

明明知道不可以，卻仍然戒不掉暴飲暴食的行為；雖然想到附近健行，卻怎麼樣也挺不起沉重的腰。那就從找出這種不適合節食的行為與心理因素，重新檢視自己的生活習慣吧。

如果「想要實現」的渴望是真實的，那麼你可以去健身房訓練自己，開始跑步健身，或者，也可以在飲食方式上做改變。

看到「體重增加了」這種不被期待的結果時，你可以回頭看看自己平常的生活習慣，試著削減不必要的做法，增加有必要的行動。慢慢地將這樣的行為養成習慣。如同運動員一樣，我們也可以不著痕跡地在生活中實踐這樣的過程。

然而麻煩的，是我們很難瞭解自己「問的是什麼問題」。要瞭解對自己問了什麼，是一件艱鉅的作業。

有一次我在對高中生演講時，問他們：「你們問了自己什麼？」他們都呆住了，全場變得靜默無聲，並且露出的眼神像在說：「這個人突然要開始談論什麼了嗎？」

為了改變自己在無意識的情況下對自己發出問題，我想在此簡單介紹開始的方法。那就是多接觸一些「好的問題」，並試著給予實際的回答。

不想回答的問題

本書想傳達的是「想回答的問題」。但是，在介紹其特徵前，我想先簡單地提出「不想回答的問題」。

讓許多人感到「不想回答」的問題，是有共通點的。其中一點，便是「別無選擇」的問題。

這種問題其實潛伏著「問題裡存在顯而易見的指示或命令」。讓人為難的是問題的句尾卻掛著問號「？」，所以讓人不得不把它當做問題來回答。

例如：

有一天要下班了，正在收拾東西準備回家，上司突然走過來，說：

「這份資料明天早上前重新整理好。沒有問題吧？」

外表看起來是提問，其實是指示或命令的意思，無形中便對於回答有著強大的制約力量。看起來像是可以選擇，其實根本沒有選擇的餘地，以致於對這樣的問題只能回答「是」、「好」。

當然，你也可以回答「不」、「不是」，只是那樣的回答對實際狀況是無益的，很可能會影響到你未來的職業生涯，帶來種種不安。

再回頭看，你小時候應該有過類似的經驗：

放學後一回到家，媽媽問你：

「晚餐想吃什麼？什麼都可以喔。」

你立刻回答：「壽司。我想吃壽司。」

「那個不行。」媽媽馬上就說。「沒有別的想吃的嗎？」這樣的問答重複出現。

那時候心裡真有說不出的失望，忍不住想：既然不能吃壽司，為什麼不一開始就說出來呢？

現在，已經成長為大人的我，是一個足球教練，也時常對我教導的孩子問出這種他們「不想回答的問題」。

「剛才的關鍵性時刻，應該射門還是傳球？覺得哪一種比較好？」

如果孩子回答「覺得傳球較好」的話，我會生氣地說：「不對！怎麼說都應該射門才對。」孩子聽了抬起頭，用困惑表情看著我的樣子，到現在我都還能清清楚楚地回想起來。

看起來像是可以有所選擇的問題，卻無情地剝奪了他們的幹勁。既然如此，何不一開始就用命令的方式說「去做那個」、「不可以做這個」還比較好?!

想回答的問題

追究「為什麼失誤」，這樣的問題是在「審問」。我們每天都會對自己提出兩萬多個問題，而這世界上的問題更是多如牛毛。然而，這些問題是否是好的問題呢？又另當別論了。

愛因斯坦被問到：「在你面臨死亡時，如果你有一個小時的時間可以思考如何獲救，你會怎麼解決這個問題？」他回答道：「我大概會花五十五分鐘，確定這問題是否問對了。」

所以我認為，所謂好的問題，就是「讓人想回答的問題」。

想不想回答一個問題，取決於自己。那個問題不一定是一個正確的問題，也有可能是某個偉人留下的問題，或書本上寫的問題，或從某個人那裡得來的問題。

接觸你想試著回答的問題，並且親自去處理，試著找回答。在這樣的過程中，對於自己無意識下所產生的問題，便很自然地浮現出來。

試試看下列的例子：

「到目前為止，你經歷過什麼重大的失敗嗎？」

「對你而言，所謂的成功是什麼？」

「小的時候，曾經熱衷過什麼事物？」

「你能改變什麼？」

「你心中的至寶是什麼？」

「你的弱點是什麼？」

「你想帶著什麼記憶去來世？」

「如果明天就是世界末日，今天你要怎麼過？」
「你願為什麼樣的事情花時間與金錢？」
「你想把錢與時間使用在什麼事情上？」
「最近讓你覺得小小開心的事是什麼？」
「最近讓你覺得難為情的事情是什麼？」
「未來想怎麼活著？」

這些問題當中，應該有你想要回答的問題吧？

如果有的話，請你準備一枝筆，希望你在本書的空白處或筆記本上，寫下你的回答。

在你試著實際作答的時候，你可能會感覺到難以言喻，覺得很難用語言文字來表達你心中所想的答案。沒有關係，努力試著作答就可以了。

即使不能馬上作答也沒有關係，而且答案也可以再改動。只要實際地去作答，你應該可以逐漸感覺到重新瞭解自己的樂趣。

「讓人想回答的問題」就是好的問題。

「想要試著去回答」是很重要的，至於「是否容易回答」，在這裡並不成問題。

不管是問孩子，還是問大人，都無須去思考「對孩子們來說，這個問題會太難嗎？他們難以回答吧？」老實說，像問大人一樣的問孩子時，反而能傳遞出「我認同你」的訊息。

當然，在表達上是要下點功夫的。使用孩子們已經理解的詞彙去發問，是很重要的，如果孩子們不能使用自己的想像力去回答，那麼問題就無法有答案。

好了，前面舉例的「問題」中，混雜著「容易回答的問題」。那是什麼樣的問題呢？

「最近讓你覺得小小開心的事是什麼?」
「最近讓你覺得難為情的事情是什麼?」
這或許就是容易回答的問題了。
因為應該不難想起在最近發生的事情裡，有哪些片段是可以拿來回答的。
雖然不是馬上就能回答出來，但那必定是「想回答的問題」。

「為什麼會做這個工作?」

這是個小學四年級的女孩問我的。
記得是十年前或更早之前，我剛剛開始做這份工作的時候。
當時，她的眼睛直視著我。
「因為這個工作讓我開心呀!」我這樣回答。我想我回答的時候，臉上的表情應該是和藹可親的。

即使是現在，我也能清楚地想起來當時的情形。在並不很明亮的教室中創造出來的對話時間。她漫不經心對我提出來的問題，卻深深打進我內心，成為難以拔出來的釘子。

雖然當時我對她的問題並沒有回答太多，但這個問題已成為我自己「想回答的問題」。

容易回答的問題

提問題也是與他人溝通的一種方法。當做溝通方法的提問，重視「是否容易回答」。

封閉性的問題就是屬於「容易回答的問題」，其特徵便是只能回答「是」或「不是」，例如問「喜歡運動嗎？」遇到初次見面的人時，一開始要準備幾個容易回答的問題，等建立起彼此信任感之後，再慢慢往更深入的問題去談，自然地拉近關係。

相對於用「是」或「不是」就能回答的問題，不是只有唯一一個正確答案的問題，叫做開放性問題。如果封閉性問題的發問是「喜歡運動嗎」，那麼開放性問題就是類似「喜歡何種運動」。

用開放性問題問第一次見面的人「你的夢想是什麼」，一定會讓對方覺得突然，感到吃驚而退縮吧。

「容易回答的問題」也有可能是「以前已經回答過的問題」。已經被問過好幾次了，每次都要艱難地尋找答案，真的是很累的事情，所以早早便在腦子裡組織答案的固定版本，便可以在被問到同樣問題時，像讀書一樣地輕易就朗誦出來。

用固定版本來回答定型的問題，確實很方便，但這會讓人在不知不覺中放棄思考，或許哪一天這個答案樣板，其實已經偏離了你心中真正的答案。

我所住的離島上，生活著許多外來的移居者。這個移居者占全島總人口數百分之二十的島，有時也被介紹為振興地區的領跑者。

這裡有以高中入學為機緣，到島上來讀三年書的高中生；也有以幾個月為期限來實習的年輕工作者；也有大學休學一年，來此工作的學生；還有像我這樣來此地旅遊，最後定居下來的人。

「你為什麼來這個島上？」

初次見面的人總會問我這個問題。

剛開始的時候，我心情愉快地回答我來這個島的理由，有人聽了之後表示贊同，當然也有人聽了之後不以為然。漸漸的，我的回答變得模糊，覺得難以做出反應。

剛來到島上時，幾乎每個人都是初次見面的人。在市街碰到時，每個人幾乎都會問我同樣的問題。在配合對方的反應過程中，我也漸漸摸索出一套最容易回答的說法。就這樣，一旦找到合適的回答，這個回答就會不假思索地重複從我嘴巴裡出去。而這個問題也就變成了「容易回答的問題」。

「真的嗎？」這個問句

當一個人把真實的感受深藏內心，只說著表面的應酬話時，他說的話與他的表情會有一定程度的不協調。為了確認，我們會問：「真的嗎？」

被那個女孩提問的時候，也是這樣。她直視著我，問我：「真的嗎？」好像在說：「告訴我你真正的答案吧。」

當我們面對不加思考或已機械化的回答，想得到多一點新意的話，就是問：「真的嗎？」

「為什麼住在現在的地方？」

「為什麼做現在的工作？」

等對方回答之後，你可以深吸一口氣，然後再問：

「真的嗎？」

真正的答案在哪裡？

現在，我雖然能夠盡情感覺到提問的樂趣與有趣之處，但剛開始的時候可不是這樣。有很長一段時間，我深為回答提問而痛苦。

我注意到，在各種不同場合的提問背後，其實都已經準備好了正確的答案。我不想因為我的回答和那個正確的答案不同，而感到難為情。因此之故，我漸漸變得討厭回答。

感覺上，好像是為了考驗我而提問的，而且已經有答案的提問，更是為了為難我而來的。

正在閱讀這本書的你，或許也有著相同的經驗：要面對非正經不可的感覺，與無法回答的尷尬，會讓自己更加難為情。

我們年幼的時候，不管是問問題，還是回答問題，都能被理解是要去認識這個廣大的世界。

「悲傷的時候，為什麼會流淚呢？」
「怎麼樣才能和他和好？」
「爸爸的工作是什麼？」

在好奇心驅使下所提出來的問題，常常困擾著父母與周圍的大人。依著自己生來想要更加瞭解這個世界全部事情的渴望，在提出問題的同時，應該也能享受到尋找屬於自己的答案的樂趣。

但是，到了念小學、中學後，碰觸到有既定答案的問題就變多了。且不說學校的考試題目，還有會敏感地察覺到「大人期待的答案」，甚至在面對沒有真正答案的問題時，也開始感覺到「應該有答案」。

這種情況隨著年齡的增長而加速，到了成為高中生、大學生後，在不想違反常識與一般人想法的情況下，對周遭氣氛的觀察力更高了。於是回答問題的答案便越加偏離自己的本性。

我也是這類型的人。

在意周圍人的目光，不願意與別人商量，只是自己一個人埋頭苦幹。不向人求助，也不抱怨，一心只想回應他人的期待。

結果呢？

被提問變成一件痛苦的事。

就連被問「想做什麼事」的時候，也不能馬上回答出來。這樣的自己讓我感到難為情，甚至在因此而被追問「這樣的事情也沒有想過嗎」之時，那種說不出來的壓迫感，真的讓人感到窒息。

從我過去的職業，很容易就看得出來，其實我一直是為了逃避現實而選擇的。

現在的我雖然會問運動員或年輕人「未來想做什麼」、「有想要挑戰的項目嗎」之類的話，但我自己一路以來的選擇，往往就是為了逃避「存在於現實中討厭的事」。

比如早早就決定就讀附屬高中的原因，是因為「不會游泳，所以不想上有泳池的學校」，「想比別人更早決定未來」，接下來還有著更大的理由，就是為了逃避大學入學考試。說穿了，我並不是因為「想做這個」、「想成為那樣的人」等等積極的目標，才走上如今的人生，而是為了逃避不想做的事情。

雖然不知道自己想做什麼，
但很清楚地明白自己不想做什麼。

走在人生的路上，會遇到各式各樣的人。
這些人當中會有人問「什麼事情是你想做的事」，但沒有多少人會問「什麼事情是你不想做的」。

因為你不能去想自己想逃避什麼不想做的事情。
逃避不擅長的事或討厭的事，是弱者的行為。
要克服討厭的事情，才能讓自己變強。

好像能聽到大家的心聲般，不知不覺地我在回答問題時，總是以謹慎再謹慎的姿態去面對，然後小心地回答，以免讓對方感到失望。

在這樣的過程中，我的內心開始習慣「必須回應他人的期待」的想法，以及隨時和他人進行比較的自己，並且深深覺得問題是有正確答案的，必須要有適合這個正確答案的回答。

後來是提問大師松田充弘先生解放了這樣的我，他就如同「妖怪樂園」（譯注：Lordi，成立於一九九二年的芬蘭重金屬搖滾樂團，以擁有妖怪模樣的舞台服裝與裝扮聞名，並以抒情重搖滾見長。）給了我相關的機會。

之後，隨著與新認識的朋友關係加深，我內心深處才一點一點滋長出「這個世界沒有絕對性的正確答案」和「真正的答案在自己心中」這些想法。

條件改變，答案也會改變

「提問」真的是件不可思議的事，因為幾乎完全相同的內容，卻會因條件不同的關係，不管是「答案」或「是否想回答」，也會出現變化。

例如：

「地點或環境（where）」──在哪裡

「人（who）」──來自誰（來自有何種關係的人）

「時間或狀況（when）」──什麼時候

「手段或方法（how）」──如何做（臉部表情、語調、語尾）

「動機（why）」──為什麼

坐在擁擠的電車上，感覺到身心疲憊，壓力滿滿時，試著在這個忙碌的空間裡問問自己：「從現在開始，我想過什麼樣的生活？」

來到離島，躺在海灘上，沐浴在舒適的海風與陽光下時，也試著問問自己：「從現在開始，我想過什麼樣的生活？」

不管在哪裡都可以問自己相同的問題，卻會發現來自內心的答案有所變化。

再想想別的例子看看吧！

某一天，你被兩個上司問了相同的問題：

「從現在起，你想用什麼樣的工作方式？」

第一個上司總是關心你，雖然有時也很嚴格，但願意聽你的想法，態度親切。

另一個問你相同問題的上司總是隨時在釋放憤怒的能量，以威壓的姿態對待周圍的人，不願傾聽你的想法。

他們雖然問了你相同的問題，但你是否願意回答的心意卻是不一樣的。

上司與部屬。

老師與學生。

教練與選手。

即使已經建立了良好的關係，連結彼此的任務有時也會被難以回答的問題取代。

自己問自己的時候，可以試著下意識選擇不同的場所或環境問自己相同的問題。

據說人置身在室外充滿綠意的地方或大自然時，會特別有幸福感。

在感覺到幸福與沒有幸福感時，何者的答案更貼近自己的內心呢？

動態的問題

如果能用「靜態的問題」來表示已經有正確答案的問題，那麼，我們也能用「動態的問題」來呈現因為時代、時間、當事人狀態的不同，以致於答案會產生變化的問題。

例如以下的情況：

「你覺得你會被怎麼樣的生活吸引？」

「你現在想花時間在什麼事情上？」

「以後你想做什麼樣的工作？」

這些問題沒有唯一的答案，而其答案會因著你被問的時間或自己當時的狀況有所變化。

你能改變那個人嗎？

別人問你的時候和你問別人的時候，是不同的事情。

希望你回想一下前面提的「被上司問問題時」的事情。總是尊重你，願意傾聽你的想法的上司，和總是只知道明哲保身，不把下屬放在眼裡的上司。面對後者的提問，你的感受恐怕已經超越憤怒，更是一股不想在他指示之下繼續工作的沮喪感。

「那麼，讓上司改變發問的方式，是不是會比較好？」你或許會這麼想。但是很遺憾的，你似乎無法對此有所期待。

我們能夠提供給他人改變的契機，卻無法改變他人。是否明白自己的真意、本身是否會產生變化，是由那個人自己決定（教養孩子也是一樣的）。

如果你的上司不認同你的態度與提問的方式，那麼你做什麼都是白費力氣，因為上司本人必須先與盤旋在內心中「不想認可你的自己」糾纏一番。

找到自己的答案

那麼，反過來說，如果是你問別人，又是何種情況呢？

要怎麼做，才能讓被問的人找到「自己的答案」呢？

關鍵就是「中立」（自然）的態度。

我們與自己的關係會映射在他人的身上。

之所以勉強自己配合別人，或許是因為感覺不到自己身上的優勢；而若是太過在意輸贏，或許是因為沒有在真正的意義上喜歡自己。

在與自我關係不夠好的時候質問別人，就很容易陷入輕易判斷別人對錯、想控制別人回答的情境。

「那個回答不對。」

「按照常理來說，我覺得那個答案是不可能的。」

「請更認真一點回答。」

像這樣的反應眼前「那個人的回答」，其實是在強迫對方接受你的價值觀。

當然，你有你的想法，有那樣的反應並沒有錯。但是，面對用懷疑的眼神和表情來接受你說「那個回答不是正確答案」的人，你真的認為你傳達了你真正的意思與真心的回答了嗎？為了保護自己，在受到否定與批評時，應該誰都會採取防禦的姿態，以適當的言語來度過那樣的情境。

讓眼前的人找到「自己的回答」的關鍵，就是中立的態度。

試著以汽車為例來思考吧。

中立就是「可以往任何一個地方」。把排檔放到進行的地方，車子就能前進，也可以倒檔加速。相反的，把排檔放到倒檔的位置時，就能讓車子倒退；拉手剎車的話，就能讓車子停下、固定不動。

向任何人提問題時，要有意識地盡量維持中立的態度。

就算有了絕對正確的答案，也要先有所保留，聽聽眼前人的回答與其答案的背景。

沒有中立的態度時，就很難讓眼前的人找到屬於他「自己的回答」。

話說回來。我不定期地以島上的高中生為對象舉辦研討會。每個月會有一、兩次坐車前往會場。對我而言，坐在車子裡的時間是無可取代的機會。

我想傳遞給他們的事情，與本書是一樣的。那就是「瞭解自己的喜悅」。我一直覺得能夠讓他們瞭解自己、以自己的方式過日子的豐富性，是非常值得開心的事情。即使我能夠傳遞的只是一點點。

有一次，我收到主辦研討會的工作人員給我的題目是「未來的方向」。

主辦單位的用意是：希望這些已經進入高中生涯後半的男學生、女學生們「創造找到未來要如何生活的機會」，不管他們的未來是要進大學，還是要就職；是要留在島上，還是要離島去過生活。

但是，正如我前面說過的，我是在選擇未來時，選擇逃避所有事情的人。

考大學選擇科系時，利用消去法刪除一些科系後，最後剩下經濟學系，卻完全沒有想到，竟然在此重逢了一直以來完全不擅長的數學。不可否認這樣的結果與選擇前的調查不夠充分有關，但所謂的經濟學應該也屬於文科的學問吧？

做夢都沒有想過竟然要面對從來沒有學過的偏微分，結果讀不到兩年就輟學了。

是的，我就這樣漫無計畫地活著，遇到不喜歡的事情就逃避，走別的路。過著這樣的人生的我，應該無法自豪地對著高中生說「你們應該做什麼工作」。

但是，這樣的我，或許也有可以幫助他們的「方法」。

沒錯，就是提出問題，共同創造問題。

如果有問題的話，（不管選擇何種答案）他們事後都應該能驕傲地說「那是自己的選擇」。藉著「向自己提問」，他們應該可以發現適合自己的職業。

我的目標是「能夠自由自在地提出問題」。這樣的能力可以說是提問能力。

如果能夠配合自己、他人、場合的情況，自由地發揮想回答的問題，就能成為自己想要的自己，重建關係性，可以得到自己想要得到的。

然而，我們的思考方式與看事物的方式，是有個人習慣的，所以練習是很重要的。就像頂級運動選手不斷累積練習，以求身體能進行心中所想的動作，提問能力也一樣，不累積訓練，就磨練不出成果。

所以，該怎麼做呢？

讓人歡喜的禮物

當時，我們以「職業」為主題，和高中生一起創造各種問題，然後以問題為禮物，相互贈予對方。像這樣，在為了對方著想下，送給對方問題——這過程很像是在某個重要紀念日，給某個重要的人禮物。

所以，我們稱之為「問題的禮物」。

即使贈送的是高檔名牌飾品，也不知道心中那個重要的人物是否喜歡。同樣的，即使提的是非常正確的問題，也不知道對那個人而言是否為無可取代的「問題的禮物」。

更重要的是，那個人是否「歡喜」，是否是對方「想回答的問題」。

送給重要的人的生日禮物，卻讓對方失望了。你有過這樣的經驗嗎？

我有。

那時，我因為對方的失望，而十分沮喪。

或許是對方有更想要的東西，或許是不喜歡那個東西的顏色或形狀，也或許對方喜歡的不是這件東西……儘管心頭浮上對方可以不喜歡的種種原因，但真正的原因卻始終不可得知。

不過，有一點是確定的。就是對對方而言，這不是他想要的東西。

旅行時買回的特產，參訪時帶的伴手禮，要送給重要的人禮物時，總是會不斷自問「怎麼送才能讓對方開心呢」。自己的何種經驗或送何種東西，會帶給對方歡喜呢？在想著這些事的時候，是能夠感到溫暖的瞬間。

這個時候能夠知道答案的可分為兩種人，一種是在自己內心找到答案的，另一種人是在對方內心找到答案的。如果你也曾經因為送出去的禮物讓對方失望，那麼，你是在自己內心發現答案的人嗎？

「怎麼做能讓人歡喜？」

這個問題的答案在那個重要的人心中。所以，必須對那個人更加關切，更加認真地觀察，從彼此的對話中，探索對方心中的想法。

想要享受到小小驚喜的你，按捺住心中想要問對方「想要什麼生日禮物」的念頭，一邊拜託共同的朋友幫忙，一邊又想盡辦法去打聽，滿心都是為了讓對方歡喜的想法。

然而，最後你還是在自己心中找到答案。「想了很多，但是，我想送給對方的東西，對方應該也會很高興吧？」做了這樣的結論後，你便依此送了禮物。

很遺憾的。結果並不如你的想像。沒錯，我就是這樣的。

與高中生們一起創想「問題的禮物」時，還有相同重要的事情。那就是要把突然想到「就是這個！」的念頭先擱置一旁。應該先關注對方的想法，仔細聆聽之後，再一次又一次地製造機會。

人都是這樣的，好像在聽對方說話，其實未必在聽。一邊附和著對方說的話，一邊裝作在閱讀對方的表情，卻一邊又在思索接下來要說什麼。

創想問題時就是如此。

明明「聽眼前人說話的時間」與「思考提出問題的時間」應該是分開的，但卻在聽對方說話的時候，不斷思考接下來要如何提出問題。

然而說真的，傾聽別人說話本來就是困難的事。而且，在不瞭解那個人的經歷下，更難找出那個人想要回答的問題。就算你正巧說出那個人「想要回答的問題」，那也只是僥倖，就像中獎一樣，只有第一次最興奮，但下一次中獎卻未必一樣開心。

新的問題就在「現在」

「現在是大家開始建立『問題的禮物』時間。但是在此之前，希望我們能夠做到對彼此的關注。」

或許是一再重申這個聲明的關係，在場的人心裡也慢慢有了安全感，不只能放心地暢所欲言，還能做到維持中立的態度。這樣的溝通氛圍一旦建立起來之後，提出來的問題品質，也獲得了提升。

眼前的朋友希望的是什麼呢？現在有什麼樣的感覺呢？會找到什麼樣的喜悅呢？會因為什麼樣的事情而感到幸福與自豪呢？會因為什麼事情煩惱？心中抱著什麼糾結？對未來有何種期盼呢？而這些的背後因素

又是什麼？

對眼前的朋友抱持著興趣，與其互動產生共鳴，在希望朋友幸福的心情下，對朋友給出提問，這樣的問題將會是非常美好的禮物。

和高中生們在一起的時間也是這樣的。仔細傾聽彼此說話，然後互相贈送對方一個「問題的禮物」。

「想表揚自己什麼？」

「把速度稍微放慢後，能看到什麼？」

「喜歡得不得了的事情是什麼？」

「你的直覺判斷中，看重的是什麼？」

「什麼事情讓你感到害怕？」

「什麼事情在阻礙你想做的事情？」

「怎麼樣才能做出無悔的選擇？」

「只有現在才能擁有的選擇是什麼？」

「想活出什麼樣的自己？」

看到高中生給的提問時，我發現自己選擇職業的視野實在太狹隘了。我們大人所思考的問題就算正確，但對高中生的現在（可能性）來說，或許施加了沒有必要的制約。

他們和我們不一樣。和我們大人的提問比起來，他們的提問是新鮮的，而且散發出光芒。

他們的「『現在』是為了能更好活著的『現在』」。「因為有那樣的『現在』，所以未來充滿了可能性，變得更美好」。他們的提問似乎是在告訴大人們這件事。

相對於此，我們大人時常提出的問題卻是：「為了將來準備，要如何好好利用現在呢」。我們比他們更早體驗世界、探索過種種事物，也嘗過各種酸甜苦辣。

是的。我們大人比高中生有更多的「經驗」，所以我們腦子裡想到的問題是：

「現在應該面對的問題是什麼？」

「認為無法決定未來走向的原因是什麼？」

「不想實現未來的你，會成為什麼樣子？」

這樣的提問沒有什麼不好。把希望從現在開始做準備的願望拉到表面上來，也是很重要的提問。只是這樣的提問，有時反而會形成經驗的阻礙。

太過理所當然的事，久而久之會忘了它的存在。

雖然每年都會有夏天，但人生只有一次高中三年級的夏天。

他們希望生活在只有一次的「現在」。

向未來的自己提問

高中生製作出來的問題，在我們心中激起很多迴響。

因為希望有更多人也能感受到這種心動。有了這種想法後，我們便從眾多問題中，嚴格挑選出52個問題，然後一一做成卡片，以「向未來的我提問」為題，把提問卡片送到日本全國各地。

嚴格選出這些卡片是困難卻有趣的事。

把數百個問題卡排列在房間中，選擇出自己覺得「想回答的問題」，而「這個問題是誰提的」，也只有製作問題的本人才知道。

從上往下看排列在地板上的卡片，覺得好像在看海。一邊看著一張張的問題一邊走的感覺，讓我想起在海中游泳時，看到漂亮的魚，身體就自然往牠們游去的景象。我們稱這種對問題的嚴選是「潛入提問的海洋」。潛入提問的海洋，找出散發出光芒的「想回答的問題」。

想起那段時間，那時的幸福感現在似乎回來了。

「寫在卡片上的問題，接近自己原本的答案。」

來參加研討會的一個高中生這樣回答我。

若問是否有遺憾，這裡倒是有一件。

那就是被選出來的「想回答的問題」之中，幾乎沒有我們大人製作出來的問題。

他們選出來的問題，都是與他們同世代的某一個人提出的。這讓我們大人有點沮喪。

不過，「這就是我們想回答的問題呀！」這是充滿能量的話，讓人覺得很好。

我們經常糾纏在人與人的關係中。在大人、小孩，老師、學生的角色所連結的關係下，形成了看不見的壓力，在在影響我們的行為。這讓我們隱藏了原本的答案，或讓我們的回答變得模稜兩可。

沒錯。就如同前面說過的，發問的人是「誰」（和被問的人的關係），會讓我們是否想要回答的念頭產生變化。

「至今，你克服過什麼事情？」

這也是某一個高中生製作的問題。

如果這個提問來自一位人生經驗豐富的高手，那麼會是什麼情況呢？「似乎無法在人前回答」的這個問題，會讓被問者感到畏縮吧？

還好這些問題都做成了卡片，不會產生不必要的偏見。雖然是突發奇想才這麼做，卻意外收到成效。

寫了提問的卡片翻過來，背面朝上，然後親自選擇一張，再翻到正面，回答卡片正面的問題。按照這個規則建立出來的對話之地，是一個具有中立關係性，且能夠自然交流的場所。場所越具中立性，得到真正答案的機率就越高。

這也是使用卡片的優點。

「感知」的過程

提問的目的，是為了找到自己的答案，但找到答案這個過程，是非常重要的。

曾經和人討論起問孩子問題時的情況。有人說，如果孩子的反應是「不回答」，或「反覆回答『不知道』」，那麼這個「不知道」裡面，其實是有原因的。

孩子們的心中可能潛藏著「反正怎麼回答也會被否定」的不安，或因為思考的時間太短而答不出來，或放棄思考，或真的不知道。這些都意味著他們對於問題還沒有理解或感知。

不過，希望大人們不要因為孩子不能回答而太在意。因為接觸問題、感受問題、思考問題等等行為，是非常重要的。

問題會觸動人的「感知」。而感知與知識、經驗，是連結在一起的，所以孩子不能馬上回答問題也沒有關係。

我們在被問到問題時，會很自然去尋找問題的答案，這是習性。在沒有找到答案的時候，使用身體去思考，變成關鍵。用身體去思考時，會增加本身的運動量，並累積看似沒有意義的體驗。

「自己擅長什麼呢？」

這個問題是正好處於轉捩點或轉機的人，早晚都必須面對的問題之一。但是，為了回答這個問題，把自己關在家裡三天三夜思考之後，也不見得會想出什麼答案的線索。

那麼，就試著動一動吧！

儘管覺得對自己沒有用處，覺得自己不需要那樣做，也試著讓自己的身體動起來。終究會有一瞬間你才親身感受到：「啊！這或許就是我擅長的地方。」

「什麼都不喜歡。」

「什麼都不想做。」

我也接受過高中生或大學生諮詢。

其實，尋找自己喜歡的事情和想做的事情，基本上是面對同一件事。

而如果關在屋子裡閉門不出，腦子就算不斷打轉，也難有所發現。

不過，為了找到適合自己的人生，「浪費」人生是必要的。

越感興趣越喜歡

因為對眼前的人感興趣，所以在知道對方的事情後更感興趣的機率就會提高。

不只如此，應該也會感覺到比以前更喜歡對方了。

想想單方面喜歡一個人時的感受吧。因為對對方有興趣，所以想更瞭解對方，就越陷入喜愛對方的感覺中。

這種情況也會出現在你自己身上。

你對自己的事情感到興趣，越想多瞭解自己一點，就會越喜歡自己，變得好像愛上自己了。但是，因為總是花心思在意旁人的眼光、關切網路上社群媒體，而失去了對自己感興趣的機會，也漸漸感覺不到與自己內心的聯繫。

對自己感興趣，讓自己更加瞭解自己的工具就是「提問」。不必因為想要馬上做出回答而焦慮。期待遇到對你來說是發著光而「想回答的問題」，藉著實際回答那樣問題的機會，你將能從多方面更加瞭解自己。

要瞭解自己，就要注視內在的亮處和暗影

寫這本書，是為了那些正在探索自己最真實模樣的人。

就如同常有人疑惑：「人生，該怎麼走下去？」它也是為了那種生活在無以名狀的不安，有時感到無所適從，甚至恐懼到雙手抱頭而苦苦掙扎的人所寫的。寫它，不僅僅是為了你，也是為了我自己。

要瞭解真正的自己，不能只看著光明的那一面，還要注視陰影才行。只看著自己內在積極、正面的部分，根本不足以瞭解真正的自己。

只看想看的地方，是完全不夠的。不管是正面還是負面，不管是好

的還是壞的，必須把視線集中在整體上，才能瞭解自己，與真正的自我聯繫。

我們出生的時候，這個世界已經是完整的，找不到任何缺口或隙縫。所以，我強烈認為我們只能在各方面適應這個世界，與其做協調。

我們會承諾幫助他人，會貢獻自己，會回應別人的期待，為的也是想真真實實感覺到「我也是這裡的一分子」。

正如同在看不到終點的馬拉松比賽中，一邊和別人競爭，一邊又要不停地向前跑，還要不斷鼓勵自己：為了生存下去，只是這樣是不行的。

「生活在這個世界不容易。」

「必須一直成長，否則沒有未來。」

「為了生存，應該加倍努力才行。」

在自己還來不及發現的時候，「這個該做、那個該有」的意念如同隱型面紗，一層層蓋住我們的眼睛，遮擋了我們的視線，久而久之，這些面紗變成了盔甲，框住了我們的身體，讓我們動彈不得。

所以我想建議你：試著找回童年時期天馬行空的想像力，找回原本的自己吧。

為了尋找原本的自己，重要的不是加法，而是減法。不給自己增加什麼，而是刪減掉不知不覺中已經在自己身上增加的東西。

那麼，我們應該怎麼做呢？

隱岐群島位於日本島根縣以北約六十公里處，搭乘渡輪僅需三個多小時即可抵達。那裡擁有令人驚嘆的自然美景，已被指定為聯合國教科文組織世界地質公園。

乳牛們快樂地在島上自由漫步，吃著富含礦物質的草，自由生長。海裡有各種魚類在游來游去，山上鳥兒發出美妙的聲音，迴盪在整個島嶼上。海水流入火山爆發形成的火山口，放眼全世界，也只有在隱岐和希臘聖托里尼島才能看到這樣的景色。

在這將近兩百個小島的群島中，四個島有住民，我就住在其中一個叫

「中之島」的地方。中之島的人口約是兩千兩百人左右，這裡沒有電影院，也沒有便利商店和超級市場，可以為生活帶來便利的東西幾乎沒有，但能讓人感覺到幸福的東西卻比比皆是。

和其他三個有人住的島比起來，雖然中之島的觀光資源非常少，但我和朋友們計畫了一趟旅程。這個名為「生活就是學習」（Life is Learning）的旅程為期三天，就是希望自己能利用這三天盡情地與雄偉的大自然聯繫，回歸原本的自我。

這個旅程的最核心想法在於Dis-Cover。

大家對Discover的解釋，無非是發現、注意和理解。但是我們進一步地解釋為「去除圍繞在我們身邊，不被我們注意到的面紗」。我們認為脫掉（Dis）覆蓋在身上的東西（Cover），展現原本的自己，是回歸到真實自我的第一步。

將實際穿在身上的夾克脫掉，是一件簡單的事。但如果要脫掉經年累月累積在自己身上的「價值觀」，可不容易。因為我們一開始就很難知道披覆在自己身上的面紗（價值觀）本身是什麼。而且，如果沒有發現這面紗的存在，根本就脫不掉它。

這是光憑頭腦也難以深入的領域。

而當你問自己：「為何會有這些根深蒂固的想法？」就算絞盡腦汁，恐怕也找不到答案。這種時候能幫得上忙的，只有靠「非日常」的「旅行」了。

你會常去探訪不曾去過的地方嗎？不一定是出國，只要是會讓你對生活常規產生質疑的地方就可以，例如你所住的都市裡某個你不曾去過的小巷。

旅行能夠幫助你。那種非日常的經驗，一定會給你帶來什麼。

離開現在居住的場所，試著外出旅行，會發現不同的世界在擴大。踏入未知世界後，一直以來以為理所當然的價值觀也會產生動搖。

日本人以點頭的方式向對方表示Yes，但對希臘或義大利南部的人來說，卻是No的表示。

豎起食指的動作，我們認為那是在表示「一」、「一個」、或「第一」。但荷蘭人認為那是一種警告，告訴你「請注意」；印尼人則認為那是「請」的指示。

我們的常識並非世界的常識，在有些國家，甚至可能會被視為不合常規，而其他國家有些常規，對我們來說也是一樣。像這樣，當我們去到一個地方，發現其常規與我們原來的世界不同時，腦子就會浮現以下的問題：

「為什麼我會在這裡？」
「為什麼我做這樣的工作？」
「為什麼我如此在意這個想法？」

要指出某個人錯誤時，經常會用「Why」，用提問的方式來進行瞭解。如同這裡所傳達的，想要發現本質性的意義時，也會用「Why」。所以，提問真的是一件很有趣的事。

從旅行與非日常的經驗中，可以找到重新審視自己生活的機會。要住在什麼地方？買什麼東西？接收什麼樣的訊息？做什麼工作？過何種生活？就從回顧自己的經歷開始吧！用「Why」問自己：「咦？為什麼會做這個選擇呢？」

推動我們前進的能量

在每天的生活與工作中推動我們向前的是什麼？我們到底是被什麼推動著？你是否想過這些問題？

認真努力工作。

買新衣服，打扮時尚。

想讓生活更加便利。

持續工作的動機、買新衣服的理由、想讓生活變得更便利，我們做這些事的背後都有其原由。

一定是有什麼在推動著我們。

以機器為例，要讓機器動作，就必須要有燃料。那麼，什麼東西會成為燃料呢？

首先會想到的，就是電。據說，也有使用氫與甲醇來發動的機器。不久之後，或許還會有現在我們所不知道的，也能驅動機器的物質。

燃料可以有許多種，但它們有一個共同點，就是能夠轉換成能量。

那麼，我們人類的情況又是如何呢？驅動我們產生能量的燃料，是什麼呢？

我想了又想，能驅動我們產生能量的強大燃料之一，就是「恐懼與不安」。

許多人都把持著「想發現真正的自己」的願望而活著。但同時也懷抱著「害怕著什麼」的心理而活著。

人類是弱小的生物。即使看起來強大得不得了的人，他的內心也有軟弱的一面。這是很自然的事，所以問題不在人有軟弱的一面，而是人在面對自己的軟弱之處時，總是很難接受這樣的事實。

如果可以的話，人都不想看到軟弱的自己，也不想承認自己的軟弱。看到軟弱的自己就想逃跑。不管是誰，都想隱藏自己的弱點與軟弱的一面。因此，要抓出自己內心的軟弱之物，是非常困難的事情。

軟弱的根源就是「恐懼與不安」。

害怕和別人比較時不如別人，成為社會人後擔心自己不被接納，恐懼被人瞧不起。這樣的恐懼與不安扎根在我們的內心裡，並且轉換成能量，驅使我們的行為。

穿著皺巴巴的襯衫和涼鞋進入時尚的餐廳是需要勇氣的。即使在炎炎夏日滿身大汗，在外工作的時候，也不會鬆開領帶。不管肚子脹得多不舒服，也要忍住，不能在暗戀的女孩面前放屁。我們的行為背後，隨時都隱藏著恐懼與不安。

所以我們總在查看最新的流行趨勢，穿新款的服裝，打扮自己，一邊留意著上司與顧客的眼光，一邊工作著，還要假裝平靜地站在暗自喜歡的人面前。

我們從小就生活在重視人際關係的社會裡，因此練就了一身觀察力和習慣與別人打交道的本事。但另一方面，我們又太在意他人的目光，對自己的表現過於猶豫不決，想從外面尋求答案，希望能比真正的自己強，和任何人比較都站在高人一等的優位上。於是，我們迷失了自己，踏入迷茫的循環裡。

現代是社群媒體的全盛時期，希望與別人有所聯繫的寂寞感，也是恐懼的一部分。一有時間的空檔，就趕緊拿出手機，查看自己的點讚數，檢查朋友們的貼文與回覆自己的訊息。每天都逃不過這種時喜時憂的情況。

「不想孤單一個人」、「不想被討厭」、「不想被認為沒有價值」的恐懼與不安轉化成的能源，驅動著我們。

「一定要成為好孩子」↓**我是姊姊，要想得到媽媽的誇獎，即使不喜歡也要忍耐。**

「一定要達到爸爸的期待」↓**努力完成目標，獲得認可。**

「不想被認為沒有價值」↓**取得只屬於自己的武器，獲得成功。**

以別人的期待與恐懼、不安為燃料的能量，確確實實地動搖著我們。

我要重複地說，我們是弱小的生物，可以的話，什麼也不想失去。

我儘管可以逃避許許多多事情，卻怎麼樣也逃不開軟弱、寂寞與恐懼、不安；越是想逃，越是被緊緊抓著。

既然逃不了，那就與恐懼、不安共存吧！但是，要怎麼做呢？

放心吧，這件事用想的好像很困難，但實際去做的話，並不是那麼困難的事。

只要你拿出勇氣接受恐懼與不安。

承認潛藏在心中的恐懼與不安。

承認它們也是自己的一部分，與它們做朋友。

如果你能想著：「那樣的自己也是自己。」你會發現，肩膀上的壓力一下子就消失了。

所以，要怎麼發現自己內心有什麼恐懼與不安呢？

下面準備了提問的練習，請你試一下，最好能在閱讀後，把答案寫下來。

「無論如何你也不能原諒的事情是什麼？」

「最近讓你感覺到生氣的事情是什麼？」

「一直讓你耿耿於懷的事情是什麼？」

試著審視自己心中令你感到煩躁、不安、憤怒、不合理、空虛、滯悶的事情。

每個人都有自己不想承認、不想面對、希望可以蒙混過去的事。不要隱藏、也不要否定這樣的自己——你唯一能做的，就是接受它，好好地面對這樣的自己！

我們的內在，都有好的一面，也有不好的一面。

認真去看所有面貌的自己，是與自我取得聯繫的第一步。

如同嬰兒的眼睛閃閃發亮

有資料顯示，嬰兒的腦子一天會閃過四萬個問題，而我們大人閃過的問題是嬰兒的兩倍。

因為嬰兒還不會說話，所以他們會用手去探索問題的答案。他們會一邊引起母親的注意，一邊用手指頭指著，好像在說「那個會動的東西是什麼？」他們的動作就是提問。

「那是車子。是噗—噗。」母親回答了孩子無聲的問題之後，孩子的手又指向別的地方。

嬰兒還會去摸不能摸的東西，會開門想出去外面，把不能放進嘴裡的泥巴塞進嘴巴。

這是嬰兒想瞭解這個世界的方式。

那樣的嬰兒是怎麼看這個世界呢？會是「恐懼與不安」嗎？

我不這麼認為。相反的，是想知道這個世界的好奇心與愛的能量，因此嬰兒的眼睛總是閃閃發亮。

儘管我們都已不再是嬰兒，但我們可以學著嬰兒，用那閃亮的眼睛，把目光轉向自己。

我強烈地感覺到，眼前的這一刻，可以是個開始；每一個當下，也都能成為起點——讓我們用閃亮的眼光探索自己。

最後——瞭解真實自我的喜悅

世人是怎麼想我的呢？這個問題一旦提出來，就會把自己推入無止境的想像中。

人一旦迷失了真正的自己，什麼都會跟著改變。

這是我非常喜歡的一位藝術家——著名的美國創作歌手及音樂製作人泰勒・艾莉森・斯威夫特（Taylor Alison Swift）說過的話。她的話與樂曲好幾次拯救了我。

當初會想寫這本書，是為了想要探索（再見到）真正的自己，希望自己能夠幸福的人。

幸福的姿態百人百樣，會隨著我們出生的環境與背景，因文化的不同而呈現多樣化，但其中也有相同的部分。那就是「瞭解真實自我的喜悅」。

生活在現代社會的我們，總是被過度要求「做」什麼。

要「做」什麼事。

要「做」什麼樣的人。

從小就一直被問「將來要成為怎麼樣的人」，長大了後也經常被問「你現在在做什麼」。每天過著那樣的日子，經常拿自己和別人做比較，否定什麼也不會的自己，於是失去信心，整個人精疲力竭。

本書的前半是我接受過去自己的軟弱與消極的部分，寫給自己的鼓勵信。

那是極不希望被看到，而且十分難為情的一面。但是，我希望我寫的這些，能成為你試著發現自己本身軟弱與缺點的契機，並讓你有機會感受到雖然是這樣的自己，但還是要和這樣的自己在一起。我深深如此希望著。

此外，請回答本書中的52個提問。如果能讓這本書成為讓自己內心浮現某種幸福感的書，我會很開心。

所以請在自己喜歡的筆記本或本書的空白處，寫下提問的回答。你一定會發現，若只是閱讀過去，是不會對這些問題有深入的思索。

而「他人的存在」是瞭解自己的助力。試著透過可以交流心境的朋友或熟悉的友人一起傳遞本書提問的答案，以他人為借鏡，藉以成為瞭解自己的機會，體驗快樂來到的瞬間。

「我在隱岐，逃離了對我產生強大影響的文明，體驗到了遠離的喜悅。對於人類的生存，我感受到了超越所有人工可及範圍的自我認知的喜悅。」

這是日本明治時期的文豪小泉八雲（譯注：英國人，出生於希臘，原名派屈克·列夫卡迪奧·赫恩〈Patrick Lafcadio Hearn〉，一八九六年歸化日本，改名小泉八雲。）所說的話。這位文豪到訪隱岐時，非常喜歡菱浦港（海士町的港口），於是把當時的景象寫在小說《不為人知的日本面貌：從伯耆到隱岐》中。

從本土搭乘渡輪需時三個小時又三十分鐘。那裡當然沒有電影院，也沒有便利商店與超級市場。此外，在這個整座島還沒完全發展的地方，只有未經修飾的大自然風景，鳥鳴處處，魚類自由自在地在海中優游。

正因為除了便利生活所需的基本物件，沒有過多的物質享受，在這裡，只能日出而作，月升而息；只能感受到風來、葉落、雨降，水流。生活在此，我們終於有時間停下來思考過去很難注意到的事情。

在人生中，全力奔馳的時期是必要的，有些風景也只有在那時候才看得見。但若覺得有點累了，想停下來慢慢欣賞風景，也是很自然的事。當那樣的時候來到時，希望你能一邊繼續走，一邊放慢腳步，偶爾也停下來，在自己覺得舒適的空間裡，打開這本書看看。

透過提問瞭解自己，重新與自己的內心聯繫，將會湧現出一股重新與他人相連的能量。你應該會發現，在那原本讓你搖擺不定的現實中，突然出現了一種截然不同的能量。

幸福的姿態百百種，希望你能發現你的幸福，創建自己的人生版本。此時，幸福應該已經在你心裡了。

致謝

本書因許多人的幫忙而得以完成。感謝在我執筆過程中嚴厲監督我又給我溫暖支援的同事們；感謝在我執筆過程中守護我的朋友們。

如果沒有高木編輯對我說「要不要試著寫信給自己」，就沒有這本書的誕生。現在我仍然感到惶恐，擔心有沒有人會喜歡這本書。幸好有這些人的支持與鼓勵，我才能完成本書。謝謝你們。

另外，謝謝武井浩三先生給了我能夠直接面對自己軟弱與糾結的契機，謝謝和我分享改變過程的奧野雄貴先生，給我勇氣下筆的君島榮三先生。謝謝你們。

我還要感謝創造機會讓我在海士町與高中生們對話的「隱岐國學習中

心」的諸位，尤其是一起支援研討會的大野圭祐先生、澤正輝先生、豐田莊吾先生、竹內俊博先生與齊藤Mizumo小姐。

我要感謝的當然還有參與研討會，送給我問題的學生們。公受暖、市川萌笑、松本藍、菊池晃矢、森岡志織、藤井杏奈、森角拓海、小前陽菜、芋生留奈。我很期待和你們談話之後，你們未來的樣子。

在島的大自然舞台上，和我一起共創「Life is Learning」的青山敦士先生、石原佐和子小姐、藤尾Kodomi小姐、篠原綾子小姐，和參與這個企劃的各位，謝謝你們，期待下次再一起感受海士町的風。

謝謝我的父母、兄弟與我的妻子。正因為擁有這些家人，儘管會為我擔憂「為什麼連這個也不會」，但仍然給我滿滿的肯定，才讓我能成為現在的我。我永遠感謝你們。

最後，我要感謝手上拿著本書的你。

「今天為了什麼而感到幸福？」

期待與你們見面，一起談談提問與其答案的時刻。

謝謝！

NOTE

你想活出什麼樣的自己？

52個自我提問練習，建立屬於自己的人生版本

國家圖書館出版品預行編目 (CIP) 資料

你想活出什麼樣的自己？: 52個自我提問練習, 建立屬於自己的人生版本 / 藤代圭一著 ; 郭清華譯. -- 初版. -- 臺北市 : 遠流出版事業股份有限公司, 2024.02　面 ;　公分　譯自 : 私を幸せにする質問

ISBN 978-626-361-510-6(平裝)

1. CST: 自我實現　2.CST: 自我肯定　3.CST: 成功法

177.2　113001197

作者——藤代圭一
譯者——郭清華
副總編輯——簡伊玲
美術設計——王瓊瑤
校對——金文蕙
特約企劃——林芳如

發行人——王榮文
出版發行——遠流出版事業股份有限公司
地址——104005 台北市中山北路一段11號13樓
客服電話——（02）2571-0297
傳真——（02）2571-0197
郵撥——0189456-1
著作權顧問——蕭雄淋律師
ISBN——978-626-361-510-6

2024年2月20日 初版一刷
定價——新台幣380元
（缺頁或破損的書，請寄回更換）

遠流博識網 http://www.ylib.com
E-mail: ylib@ylib.com
遠流粉絲團 https://www.facebook.com/ylibfans
